PRACTICES OF HR LEGAL
COMPLIANCE

北京儒德律师事务所 编著

中国人民大学出版社
·北京·

序　言

近年来，劳动争议案件频发，然而据不完全统计，司法实践中的劳动争议纠纷，企业败诉率高达 80％。究其原因，一方面在于随着国家法治化建设不断推进，普通劳动者的维权意识逐步提升，其不再像以往一样只在权利严重受损后才被迫选择法律救济程序。通常当企业出现管理不规范以致可能侵害自身权益时，劳动者也会主动采取法律措施维护权益。另一方面在于多数企业不重视从法律层面规范劳动用工制度与相关用工程序，没有依照法律规定建立和完善自身的内部规章制度，甚至存在现有规定严重侵犯劳动者合法权益、违背劳动法相关要求的情形。换言之，就是劳动保护相关法律法规在不断完善，而企业用工合规管理没有跟上。这一现象也引起了国家有关部门的注意，为推动中央企业全面加强合规管理，加快提升依法合规经营管理水平，国务院国有资产监督管理委员会于 2018 年 11 月发布《中央企业合规管理指引（试行）》，其中第 13 条提到要加强劳动用工重点领域的合规管理，严格遵守劳动法律法规，健全完善劳动合同管理制度，规范劳动合同签订、履行、变更和解除，切实维护劳动者合法权益。2022 年 9 月国务院国有资产监督管理委员会发布《中央企业合规管理办法》，要求针对劳动用工重点领域制定合规具体制度或专项指南。虽然上述法规针对中央企业，但在实行市场经济体制的当下，其他企业作为市场经济的参与者，其劳动用工合规管理也应顺应时代要求。在此时代背景下，北京儒德律师事务所编撰本书，旨在提高企业用工管理能力，提升劳动纠纷化解水平，为企业提供有效的风险应对机制，减少甚至避免劳动争议的发生，为企业合规管理保驾护航！

本书并非各种法律法规的简单汇编，而是秉持实用性、专业性和可操作性的基本思路，结合北京儒德律师事务所近 15 年来处理劳动争议案件的实践与经验，以企业 HR 日常工作为基本视角，阐明预防和应对企业劳动争议纠纷的基本方法与重要措施，让各位读者能够在实际工作中有的放矢，切实解决遇到的法律问题。但是因劳动争议纠纷案件的复杂性，不同地区对于劳动法的适用观点差异较大，本书主要立足于北京地区相关实践与大家交流。

本书案例中用人单位的名称采用虚拟名称，多为常见水果名称，如与现实中公司名称一致，实属巧合。

本书内容可能存在不完善的地方，希望各位读者朋友可以多提出宝贵意见。

目　录

四、规章制度篇

五、薪资篇

六、社保篇

七、工伤篇

八、离职篇

一

招聘篇

尊敬的 HR 朋友，很高兴能在这里与您相识!

您是专业的人力资源从业者，在人力资源领域具有极强的专业性与丰富的经验。目前，假设您是一家企业的人事经理。这周领导交给您一项招聘任务，由于公司不断发展壮大，需要组建一个新的销售部门，让您出具一个招聘方案，并在审批通过后就开始招贤纳士。其实常规的招聘流程您非常清楚，但其中蕴含的法律风险您注意到了吗? 发布的招聘信息都是真实的吗? 有没有虚假成分在内? 招聘信息有隐藏的就业歧视吗? 是否有明确的岗位职责与录用标准? 进行背景调查时需要注意哪些界限? 入职体检是必须的吗? 对诸如此类的法律问题，您都将从本篇中找到答案。欢迎您进入本篇的世界，我们期待与您的交流!

1. 用人单位发布招聘信息时需要注意虚假或夸大招聘信息的风险

【案情简介】

2021 年 2 月底，石榴科技公司因业务扩张，急需 UI 设计师。为快速招到适合人员，石榴科技公司在某招聘平台上发布了相关招聘信息，其中招聘信息提到"入职工资为每月 21 000 元，试用期 3 个月，试用期工资不打折，提供免费午餐"。冯女士在看到招聘信息后，顿觉心动，立即通过招聘平台向石榴科技公司招聘人员询问工资和试用期是否如招聘信息所述，在得到招聘人员的肯定回复后，冯女士立即发送了简历。

随后石榴科技公司邀约冯女士面试，在面试中石榴科技公司 HR 承诺冯女士入职后的月薪为 21 000 元，试用期工资不打折，冯女士对此很欣喜，并向 HR 表达了即刻入职的意愿。2021 年 3 月 1 日冯女士入职石榴科技公司。2021 年 3 月 28 日石榴科技公司让冯女士签订劳动合同，冯女士在阅读劳动合同时发现其合同上写着：月薪 15 000 元，试用期 6 个月，试用期期间工资为标准工资的 80%，工资发放日为每月最后一日。冯女士对此非常气愤，要求石榴科技公司提供当初承诺的工资，不然不会签订劳动合同。石榴科技公司也强硬地表示"工资就那样，不签你就走"。2021 年 3 月 31 日，冯女士收到税后工资不足 1 万元，遂申请劳动仲裁，要求石榴科技公司按照每月 21 000 元支付工资。

【案情分析】

一般而言，招聘广告属于要约邀请，但如果招聘信息给予应聘者的待遇等条件非常明确具体，不排除可能会被认定为要约。本案中石榴科技公司发布的招聘信息中有明确的工资待遇，并且冯女士在入职前向石榴科技公司多次确认了其工资待遇，冯女士入职石榴科技公司主要是因为石榴科技公司承诺提供的工资待遇。但在冯女士实际入职石榴科技公司后，石榴科技公司并未按照招聘信息和面试承诺的内容提供相应的工资待遇，石榴科技公司这一行为有违诚实信用原则，故应按照每月 21 000 元的工资标准向冯女士补足差额。

【风险提示】

用人单位在发布招聘广告时可能会有夸大其岗位薪酬待遇的情形，以增加岗位吸引力，达到快速招揽合适人才的目的。用人单位发布的招聘信息一般被认定为要约邀请，但如果招聘信息给予应聘者的待遇等条件非常明确具体，可能会被认定为要约，从而对用人单位产生法律约束力。若劳动者入职后发现与招聘信息不一致，特别是薪资待遇与招聘信息有差距，可能会以用人单位未足额支付工资为由请求解除劳动关系并要求支付经济补偿金。因此用人单位发布的招聘信息，应当保证其内容符合实际情况，否则可能会导致劳动者主张经济补偿或者面临行政处罚等法律后果。

【相关法条】

《中华人民共和国民法典》

第七条　民事主体从事民事活动，应当遵循诚信原则，秉持诚实，恪守承诺。

《中华人民共和国劳动合同法》

第八条　用人单位招用劳动者时，应当如实告知劳动者工作内容、工作条件、工作地点、职业危害、安全生产状况、劳动报酬，以及劳动者要求了解的其他情况；用人单位有权了解劳动者与劳动合同直接相关的基本情况，劳动者应当如实说明。

《就业服务与就业管理规定》

第十四条　用人单位招用人员不得有下列行为：

（一）提供虚假招聘信息，发布虚假招聘广告；

…………

第六十七条　用人单位违反本规定第十四条第（二）、（三）项规定的，按照劳动合同法第八十四条的规定予以处罚；用人单位违反第十四条第（四）项规定的，按照国家禁止使用童工和其他有关法律、法规的规定予以处罚。用人单位违反第十四条第（一）、（五）、（六）项规定的，由劳动保障行政部门责令改正，并可处以一千元以下的罚款；对当事人造成损害的，应当承担赔偿责任。

2. 用人单位招聘时未明确招聘岗位需求及录用条件的风险

【案情简介】

王先生入职杨桃公司，职位为行政部经理，试用期2个月，劳动合同并未约定试用期考核要求与录用标准。在一次领导会议后，公司副总李某将会议纪要以电子邮件形式发给包括王先生在内的公司领导层，要求行政部搞好伙食供应商管理。王先生收到邮件后，回邮件给李某及公司领导层道："作为副总，你应当站在公正的立场，支持公司行政的各项活动，而不是指手画脚，哗众取宠。"副总李某收到邮件后很气愤也回复邮件道："一个行政部经理，请注意自己的言行。"王先生对该邮件反应激烈，邮件回复："满嘴胡说八道，太没水平了。"并将此电子邮件群发。之后杨桃公司以王先生不符合行政部经理应具备的基本要求为由，解除了与王先生的劳动合同。王先生不服，认为双方并未约定录用条件，自己的行为也并无不当。于是王先生向劳动人事争议仲裁委员会提起仲裁申请，要求继续履行劳动合同。

【案情分析】

本案的关键之处在于用人单位在录用时并无录用条件的相关规定。用人单位虽主张王先生不符合行政部经理应具备的基本要求，但是该评价比较主观，且王先生的言语无法直接证明王先生不符合录用条件，故最终仲裁认定杨桃公司违法解除，支持了王先生要求继续履行合同的请求。

【风险提示】

用人单位在设置招聘岗位时，应当明确岗位需求和录用条件，岗位需求的明确是防范风险的前提，而录用条件明确化则是纠纷解决的工具。明确岗位需求，是为"理想员工"的模型搭建骨架。录用条件明确化可以为"理想员工"的骨架模型填充血肉。录用条件是劳动者通过试用期的考核标准。若以"学习能力强""踏实勤劳"等不能量化的标准作为录用条件，则无法准确考核劳动者，即使劳动者不符合应聘岗位需求，也很难将上述标准作为法定的解除依据。因此岗位需求和录用条件是骨骼与血肉的关系，二者相互依存又不完全一致，分清二者的界限并加以明确规定，可以使用人单位真正获得"理想员工"。

【相关法条】

《中华人民共和国劳动合同法》

第三十九条　劳动者有下列情形之一的，用人单位可以解除劳动合同：

（一）在试用期间被证明不符合录用条件的；

………

3. 用人单位发放的录用通知书是否可以随意撤销？

【案情简介】

2020年3月初，张先生在招聘平台上看到凤梨公司招聘销售经理，便向该公司提交了简历，并通过入职面试。3月25日，凤梨公司向张先生发出录用通知书体检通知书，其中录用通知书载明凤梨公司已正式录用张先生，职位为销售经理，要求张先生于4月10日携带离职证明和体检单到公司报到。张先生于当日回复凤梨公司"收到，会按时报到"。4月6日，张先生与原工作单位办理了离职手续，并到当地医院进行体检。4月10日，张先生携带上述材料到凤梨公司报到时，却被告知此职位已有新人入职，不再录用张先生。

【案情分析】

凤梨公司于3月25日向张先生发出录用通知，要求张先生提供上家公司离职证明和体检报告，并于4月10日报到，上述行为足以让张先生相信凤梨公司将与其建立劳动关系，张先生也在凤梨公司的要求下与原工作单位办理了离职手续，然而却被凤梨公司告知不再录用。根据《民法典》的相关规定，当事人在订立合同过程中，有违背诚实信用原则的行为，给对方造成损失的，应当承担损害赔偿的缔约过失责任。尽管张先生与凤梨公司此时还尚未正式签订劳动合同，但纠纷发生在劳动合同缔约过程中，张先生为劳动合同的订立进行了积极磋商和准备，凤梨公司在此时不录用张先生的行为违背了诚实信用原则，应承担由此给张先生造成损失的赔偿责任。

【风险提示】

用人单位在招聘过程中，虽然享受法律赋予的自主招录、自主决定是否录用的权利，但用人单位不能违反法律，应注意保护劳动者的合理信赖利益，在考核方式、考核途径上要本着审慎、合理、诚信的原则进行。针对录用通知书，大多数用人单位认为双方还没有建立劳动关系，录用通知书可以随意撤销。其实，如果随意撤销录用通知书，给劳动者造成损失的，用人单位可能要承担缔约过失的法律责任。故针对录用通知书，建议用人单位：（1）明确录用条件和答复时间；（2）不得随意撤销录用通知书，如需撤销，应在劳动者答复前撤销；（3）审慎发送录用通知书，确定录用后再发放，尽量一岗一发。

【相关法条】

《中华人民共和国民法典》

第五百条 当事人在订立合同过程中有下列情形之一，造成对方损失的，应当承担赔偿责任：

（一）假借订立合同，恶意进行磋商；

（二）故意隐瞒与订立合同有关的重要事实或者提供虚假情况；

（三）有其他违背诚信原则的行为。

4. 背景调查如何兼顾个人信息保护？

【案情简介】

王先生是大黄蜂公司 HR，公司因新增项目急需一名前端架构师，王先生便在招聘网上寻找求职者。由于岗位要求高，公司经过两周的筛选和面试，未能确定合适人选。于是王先生委托猎头帮忙寻找，猎头向王先生推荐了刘女士。经过几轮面试，大黄蜂公司对刘女士很满意。大黄蜂公司在向刘女士发放 offer 之前，对其做了背景调查，调查内容包含刘女士的婚育情况、就医记录、病例信息等，并将该背景调查结果发给了猎头，后猎头又将该结果发给了刘女士。不想刘女士对此非常生气，认为大黄蜂公司做背景调查之前并没有告知她，而且调查的某些内容涉及自己的隐私，于是一纸诉状将大黄蜂公司告上法庭。

【案情分析】

用人单位在招聘劳动者的过程中，有权了解劳动者的某些信息，但这些信息仅与履行劳动合同相关，比如个人基本信息、学历、知识技能、工作经历等，与劳动合同或履行劳动关系无关的事项和个人信息，用人单位无权搜集。本案中，背景调查内容包含了刘女士的婚育情况、就医记录、病例信息等，这些信息与岗位要求和履行劳动合同无关，因此大黄蜂公司的做法不符合《劳动合同法》和《个人信息保护法》的相关规定。

【风险提示】

用人单位在招聘劳动者时，通常要求劳动者在入职登记表上写一栏"我承诺所提交的所有资料均为真实，若有伪造，即可解除合同"，并让劳动者签名。这种情况下，是否就表明劳动者即同意用人单位可以无限度地对劳动者做背景调查？答案是否定的。个人信息受国家法律保护，用人单位调查劳动者个人信息应注意把握尺度。因此，建议用人单位应当针对背景调查建立一套完整且合法合规的制度，另外在进行背景调查时，应保证调查内容与岗位需求相关，不要超范围收集劳动者个人信息，确保背景调查合法合规。

【相关法条】

《中华人民共和国劳动合同法》

第三条（第一款）　订立劳动合同，应当遵循合法、公平、平等自愿、协商一致、诚实信用的原则。

《中华人民共和国个人信息保护法》

第十三条 符合下列情形之一的,个人信息处理者方可处理个人信息:

(一)取得个人的同意;

(二)为订立、履行个人作为一方当事人的合同所必需,或者按照依法制定的劳动规章制度和依法签订的集体合同实施人力资源管理所必需;

(三)为履行法定职责或者法定义务所必需;

(四)为应对突发公共卫生事件,或者紧急情况下为保护自然人的生命健康和财产安全所必需;

(五)为公共利益实施新闻报道、舆论监督等行为,在合理的范围内处理个人信息;

(六)依照本法规定在合理的范围内处理个人自行公开或者其他已经合法公开的个人信息;

(七)法律、行政法规规定的其他情形。

依照本法其他有关规定,处理个人信息应当取得个人同意,但是有前款第二项至第七项规定情形的,不需取得个人同意。

5. 用人单位遇到少数劳动者的应聘欺诈时如何处理及预防?

【案情简介】

李先生于 2019 年 10 月 22 日入职金桔建筑装饰工程有限公司,担任效果图绘图员。双方约定试用期为 2 个月,试用期期间的月工资为 10 000 元,转正后月工资为 12 000 元,于每月 15 日签字领取上月工资。双方签订为期一年的劳动合同,其中载明:"……乙方保证所提供的个人资料真实有效,如提供虚假材料视为欺诈,单位可以随时解除,无须支付任何补偿或赔偿金。"2020 年 3 月 10 日,金桔建筑装饰工程有限公司发现李先生伪造学历，遂当日解除与李先生的劳动关系。后李先生向劳动人事争议仲裁委员会申请仲裁，要求金桔建筑装饰工程有限公司支付违法解除劳动关系的赔偿金。

【案情分析】

"应聘欺诈"是指劳动者为获得工作机会，在应聘时提供虚假信息夸大自己的能力或隐瞒自己真实情况的行为。具体包括：应聘者伪造资格证书或其他证明文件，故意编造工作经历、文化水平，刻意隐瞒健康状况、真实年龄等。李先生伪造学业证书，与金桔建筑装饰工程有限公司订立劳动合同，存在欺诈行为。劳动人事争议仲裁委员会最终没有支持李先生要求金桔建筑装饰工程有限公司支付违法解除劳动合同赔偿金的请求。

【风险提示】

若用人单位不慎聘用了"应聘欺诈"的劳动者，不仅可能承担用人不当、选人不慎的损失，如为提高该劳动者的工作能力而支付的专项技能培训费用、解雇该劳动者的费用或招聘新人的费用等，还可能面临潜藏的其他法律风险，如该劳动者不能胜任工作而被辞退时陷入违法解除劳动关系的漩涡，聘用尚在职员工给其他用人单位造成损失可能承担的赔偿责任，非法用工遭举报时而面临的行政处罚等。为预防"应聘欺诈"，用人单位应当建立健全完备的招用制度和招用流程，具体而言包括：

（1）审查应聘者的身份、年龄、学历、资格等；

（2）求证应聘者提供的各种资料和文件，如工作经历、离职证明等；

（3）核实意向应聘者是否承担竞业限制义务；

（4）要求意向应聘者做必要的体检，但体检要求应符合相关法律法规要求，不得歧视劳动者；

（5）留存招用劳动者的相关书面材料，并让劳动者保证所提供信息的真实性；

（6）完善对"应聘欺诈"员工的处理办法或规定。

【相关法条】

《中华人民共和国劳动合同法》

第八条　用人单位招用劳动者时，应当如实告知劳动者工作内容、工作条件、工作地点、职业危害、安全生产状况、劳动报酬，以及劳动者要求了解的其他情况；用人单位有权了解劳动者与劳动合同直接相关的基本情况，劳动者应当如实说明。

第二十六条　下列劳动合同无效或者部分无效：

（一）以欺诈、胁迫的手段或者乘人之危，使对方在违背真实意思的情况下订立或者变更劳动合同的；

（二）用人单位免除自己的法定责任、排除劳动者权利的；

（三）违反法律、行政法规强制性规定的。

对劳动合同的无效或者部分无效有争议的，由劳动争议仲裁机构或者人民法院确认。

第八十六条　劳动合同依照本法第二十六条规定被确认无效，给对方造成损害的，有过错的一方应当承担赔偿责任。

6. 用人单位要求新录用的劳动者入职体检时需注意的法律风险

【案情简介】

2021 年 8 月，周先生在招聘平台上看到杨梅公司招聘商务主管，便向杨梅公司提交了简历，并进行入职面试。8 月 17 日，杨梅公司通知周先生已通过面试，要求周先生到指定医院参加入职体检，并将乙肝五项作为指定体检项目。8 月 20 日，周先生的检查结果为：HBsAg 病原病毒携带者。

之后，杨梅公司表示此职位招聘计划取消，不再与周先生签订劳动合同。周先生得知后，与杨梅公司 HR 沟通，HR 透露杨梅公司不招录有传染病的人。

【案情分析】

我国法律明确规定，用人单位招用劳动者，不得以是传染病病原携带者为由拒绝录用；除特定工作外，不得强行将乙肝病毒血清学指标作为体检标准。周先生与杨梅公司的劳动合同已进入缔约磋商阶段，而杨梅公司却在此时以周先生是乙肝病毒携带者为由拒绝录用周先生，基于信赖利益，杨梅公司应该赔偿周先生由此产生的财产损失。

【风险提示】

在招聘工作中，要求新录用劳动者提供传染病检查（主要包括乙肝和艾滋病）、孕检报告已成为不少用人单位对应聘劳动者的"特殊要求"，用人单位在此问题上虽有苦衷，但站在求职者的角度上考虑，用人单位若不能给出合理明确的理由就在招聘中单独列出传染病检查、孕检要求，确实有歧视应聘劳动者之嫌，而且该行为也属于违法行为。根据法律规定，用人单位招用人员，不得以是传染病病原携带者为由拒绝录用。但是，经医学鉴定传染病病原携带者在治愈前或者排除传染嫌疑前，不得从事法律、行政法规和国务院卫生行政部门规定禁止从事的易使传染病扩散的工作。

【相关法条】

《中华人民共和国就业促进法》

第二十七条　国家保障妇女享有与男子平等的劳动权利。

用人单位招用人员，除国家规定的不适合妇女的工种或者岗位外，不得以性别为由拒绝录用妇女或者提高对妇女的录用标准。

用人单位录用女职工，不得在劳动合同中规定限制女职工结婚、生育的内容。

第三十条　用人单位招用人员，不得以是传染病病原携带者为由拒绝录用。但是，经医学鉴定传染病病原携带者在治愈前或者排除传染嫌疑前，不得从事法律、行政法规和国务院卫生行政部门规定禁止从事的易使传染病扩散的工作。

第六十二条　违反本法规定，实施就业歧视的，劳动者可以向人民法院提起诉讼。

《就业服务与就业管理规定》

第十九条（第二款）　用人单位招用人员，除国家法律、行政法规和国务院卫生行政部门规定禁止乙肝病原携带者从事的工作外，不得强行将乙肝病毒血清学指标作为体检标准。

第六十八条　用人单位违反本规定第十九条第二款规定，在国家法律、行政法规和国务院卫生行政部门规定禁止乙肝病原携带者从事的工作岗位以外招用人员时，将乙肝病毒血清学指标作为体检标准的，由劳动保障行政部门责令改正，并可处以一千元以下的罚款；对当事人造成损害的，应当承担赔偿责任。

7. 用人单位招用劳动者，不得要求劳动者提供担保或者以其他名义向劳动者收取财物

【案情简介】

程先生于 2018 年 8 月份与甜瓜建设公司签订劳动合同，并开始在甜瓜建设公司处进行工作。在办理社保手续时，程先生按照甜瓜建设公司的要求缴纳社保管理费 11 516 元。2019 年 11 月 23 日，双方解除劳动合同。在此期间，程先生多次向甜瓜建设公司主张返还额外支付的管理费未果，遂向劳动人事争议仲裁委员会申请仲裁。

【案情分析】

甜瓜建设公司要求程先生支付管理费是基于甜瓜公司要为程先生缴纳

社保，但是缴纳社会保险是用人单位的法定义务，故甜瓜建设公司收取程先生的管理费没有法律依据，应当返还。劳动人事争议仲裁委员会支持了程先生的请求，裁决甜瓜建筑公司向程先生返还管理费 11 516 元。

【风险提示】

用人单位招用劳动者，不得扣押劳动者的居民身份证或其他证件，不得要求劳动者提供担保或者以其他名义向劳动者收取财物。在劳动关系中，劳动者处于一种相对弱势的地位，即使用人单位有一些过分的要求，劳动者基于各种顾虑大概率会同意，但劳动者同意并不代表该行为就是正确的、合法的。实践中，部分用人单位通常会以各种名义包括但不限于"管理费""技术支持费"等向劳动者收取财物，用人单位在收取财物后，可能会为之后的用工行为埋下隐患。根据法律规定，用人单位以担保或者其他名义向劳动者收取财物的，由劳动行政部门责令限期退还劳动者本人，并以每人 500 元以上 2 000 元以下的标准处以罚款；给劳动者造成损害的，应当承担赔偿责任。

【相关法条】

《中华人民共和国劳动合同法》

第九条　用人单位招用劳动者，不得扣押劳动者的居民身份证和其他证件，不得要求劳动者提供担保或者以其他名义向劳动者收取财物。

第八十四条　用人单位违反本法规定，扣押劳动者居民身份证等证件的，由劳动行政部门责令限期退还劳动者本人，并依照有关法律规定给予处罚。

用人单位违反本法规定，以担保或者其他名义向劳动者收取财物的，由劳动行政部门责令限期退还劳动者本人，并以每人五百元以上二千元以下的标准处以罚款；给劳动者造成损害的，应当承担赔偿责任。

劳动者依法解除或者终止劳动合同，用人单位扣押劳动者档案或者其他物品的，依照前款规定处罚。

8. 用人单位聘用与其他用人单位尚未解除或者终止劳动合同的劳动者存在的法律风险

【案情简介】

2017 年 8 月 8 日，葡萄柚公司与赵先生签订了无固定期限劳动合同，为赵先生缴纳社会保险。2019 年 3 月 3 日，赵先生在未与葡萄柚公司解除劳动合同的情况下，与 B 公司签订了"高级总监聘用协议书"，期限自 2019 年 3 月 4 日至 2024 年 3 月 4 日。葡萄柚公司曾电话、微信通知赵先生回公司工作，但赵先生未予回应。2022 年 4 月，葡萄柚公司申请劳动仲裁，举证赵先生为葡萄柚公司每年创收 100 万元，据此计算出赵先生 2019 年 3 月至 2022 年 4 月因受聘于 B 公司导致葡萄柚公司减少利润 300 万元。

【案情分析】

赵先生在未和原用人单位葡萄柚公司解除劳动合同的情况下，又与新的用人单位 B 公司签订劳动合同，根据法律规定，用人单位招用与其他用人单位尚未解除或者终止劳动合同的劳动者，给其他用人单位造成损失的，应当承担连带赔偿责任。如果赵先生给原用人单位葡萄柚公司造成经济损失的，应当承担赔偿责任，新的用人单位 B 公司在明知赵先生与葡萄柚公司未解除劳动关系的，应当依法承担连带赔偿责任。

【风险提示】

用人单位录用新的劳动者需要了解劳动者当前的劳动关系状况，虽然《劳动合同法》并不禁止双重劳动关系，但是规定在因双重劳动关系给用人单位造成严重影响的情况下，用人单位可以解除劳动合同。用人单位如何更好地了解劳动者劳动关系的状况呢？首先，要求提供离职证明，在劳动者入职时，用人单位可以要求劳动者提供原用人单位的离职证明，如果离职证明记载的时间与新入职时间差距太远，可以让劳动者就离职情况作出书面说明并签字确认。其次，进行工作背景调查，如劳动者无法提供离职证明，用人单位最好不予录用，若实在心仪，可让劳动者提供上家单位的联系方式以求证其离职状态。再次，若实在无法核实，可让劳动者保证在入职时未与其他单位建立或保持劳动关系，否则须承担由此给用人单位造成的损失，并让劳动者签字确认。最后，用人单位若招用兼职，可向原用人单位发函告知该劳动者的求职状态，获悉原用人单位的意见。

【相关法条】

《中华人民共和国劳动法》

第九十九条　用人单位招用尚未解除劳动合同的劳动者，对原用人单位造成经济损失的，该用人单位应当依法承担连带赔偿责任。

《中华人民共和国劳动合同法》

第九十条　劳动者违反本法规定解除劳动合同，或者违反劳动合同中约定的保密义务或者竞业限制，给用人单位造成损失的，应当承担赔偿责任。

第九十一条　用人单位招用与其他用人单位尚未解除或者终止劳动合同的劳动者，给其他用人单位造成损失的，应当承担连带赔偿责任。

二

人职篇

（一）劳动合同签订

尊敬的 HR 朋友：

您好！

我们又见面了，恭喜您设计的招聘方案完美通过领导审批。经过一个月的筛选与面试，目前领导已经确定好拟录用的 7 名人员，需要注意的是其中 1 名员工是公司之前的离职员工。现在您已经给他们发送了 offer，通知他们于本月 3 号入职公司。但是，您真的准备好与他们签订劳动合同了吗？您了解"何时签""与谁签""签什么"吗？如果不是在正确的时间与合适主体签订合适的劳动合同及相关附件，会产生哪些法律后果呢？关于这些问题我们都将为您一一解答，同时为避免后续因为劳动合同签订而引发劳动争议，建议您仔细阅读本篇内容，我们已经提前为您做好风险提示，祝您工作顺利！

1. 用人单位何时与劳动者建立劳动关系？

【案情简介】

2009 年 11 月 25 日，30 岁的刘先生到芦柑公司工作，负责操作生产线主机控制台，工资按月发放，刘先生接受芦柑公司规章制度管理。2010 年 6 月至 7 月，芦柑公司处于停产状态。2010 年 8 月芦柑公司恢复生产后，刘先生回到芦柑公司继续工作，担任生产组长。2010年12月21日，刘先生在工作操作中卷伤右手，后刘先生向芦柑公司索要医疗费，但芦柑公司称刘先生是临时雇佣人员，只提供劳务，属于临时雇佣的劳务关系，且与刘先生没有签订劳动合同，不存在劳动关系，无须支付医疗费。

【案情分析】

刘先生目前年龄未达到法定退休年龄，芦柑公司亦是依据中华人民共和国法律成立的法人主体，双方都符合法律法规规定的建立劳动关系的主体资格。刘先生在芦柑公司工作，其岗位由芦柑公司安排，受芦柑公司规章制度管理，且芦柑公司按月向其发放工资。因此，刘先生与芦柑公司虽未签订书面劳动合同，但已具备劳动关系成立要件，依据《劳动合同法》第7条规定"用人单位自用工之日起即与劳动者建立劳动关系"，双方从实际用工之日即2009年11月25日起建立劳动关系。

【风险提示】

在劳动争议纠纷中，可以说劳动关系是基础，劳动报酬纠纷、工伤待遇纠纷是建立在劳动关系基础之上的。那么未签订劳动合同是否代表劳动关系就不成立？其实，自用人单位实际用工之日起便已与劳动者建立劳动关系，用人单位应及时与劳动者签订书面劳动合同。劳动合同是劳动者与用人单位确立劳动关系、明确双方权利和义务的协议，是存在劳动关系的书面证明之一。但劳动关系的建立与是否签订劳动合同没有必然联系，劳动者若接受用人单位的劳动管理，遵守其规章制度，服从工作安排，那么实务中可能被认定劳动者与用人单位之间存在劳动关系。因此如果用人单位想通过不签订劳动合同的方式来规避劳动关系，以期达到不支付工伤赔偿的目的，该想法不仅不能实现，反而会给用人单位增加被劳动者索赔未签订劳动合同的2倍工资差额的风险。

【相关法条】

《中华人民共和国劳动合同法》

第七条　用人单位自用工之日起即与劳动者建立劳动关系。用人单位应当建立职工名册备查。

劳动和社会保障部《关于确立劳动关系有关事项的通知》

一、用人单位招用劳动者未订立书面劳动合同，但同时具备下列情形的，劳动关系成立。

（一）用人单位与劳动者符合法律、法规规定的主体资格；

（二）用人单位依法制定的各项劳动规章制度适用于劳动者，劳动者受用人单位的劳动管理，从事用人单位安排的有报酬的劳动；

（三）劳动者提供的劳动是用人单位业务的组成部分。

2. 用人单位不按时与劳动者签订书面劳动合同会导致什么后果?

【案情简介】

2010 年 5 月 8 日，张先生进入无花果公司从事仓库保管工作，无花果公司每月支付张先生工资 3 000 元，双方未签订书面劳动合同，无花果公司也未给张先生办理社会保险。2010 年 12 月张先生向无花果公司提出离职，同时要求无花果公司支付未签劳动合同的 2 倍工资，无花果公司认为，未签订书面劳动合同的原因系张先生从未提出签订书面劳动合同的要求。后张先生向劳动人事争议仲裁委员会申请仲裁，要求无花果公司支付未签订书面劳动合同的 2 倍工资。

【案情分析】

无花果公司自用工之日起一个月内应与张先生签订书面劳动合同，签订书面劳动合同的责任主体在无花果公司而非张先生，无花果公司以张先生未主动提出签订书面劳动合同为由拒绝支付 2 倍工资不符合法律要求，不应作为2倍工资的免责理由。故劳动人事争议仲裁委员会支持张先生的仲裁请求，无花果公司应向张先生支付未签订书面劳动合同的2倍工资。

【风险提示】

自用工之日起，劳动者与用人单位的劳动关系就已经建立，用人单位应承担缴纳社会保险、支付劳动报酬等各方面的义务，用人单位应当在用工之日起一个月内与劳动者签订书面劳动合同。法律给了用人单位一个月的缓冲期，以此督促用人单位尽快在这期间内与劳动者订立书面劳动合同。如果超过一个月未与劳动者签订书面劳动合同，用人单位将承担支付未签订书面劳动合同的2倍工资的责任。自用工之日起一个月内，如果劳动者在用人单位书面通知其签订劳动合同时拒绝签订劳动合同，用人单位应保留相关证据，书面通知劳动者终止劳动关系，且无须支付经济补偿金。

【相关法条】

《中华人民共和国劳动合同法》

第十条　建立劳动关系，应当订立书面劳动合同。

已建立劳动关系，未同时订立书面劳动合同的，应当自用工之日起一个月内订立书面劳动合同。

用人单位与劳动者在用工前订立劳动合同的，劳动关系自用工之日起建立。

第八十二条（第一款）　用人单位自用工之日起超过一个月不满一年未与劳动者订立书面劳动合同的，应当向劳动者每月支付二倍的工资。

《中华人民共和国劳动合同法实施条例》

第六条　用人单位自用工之日起超过一个月不满一年未与劳动者订立书面劳动合同的，应当依照劳动合同法第八十二条的规定向劳动者每月支付两倍的工资，并与劳动者补订书面劳动合同；劳动者不与用人单位订立书面劳动合同的，用人单位应当书面通知劳动者终止劳动关系，并依照劳动合同法第四十七条的规定支付经济补偿。

前款规定的用人单位向劳动者每月支付两倍工资的起算时间为用工之日起满一个月的次日，截止时间为补订书面劳动合同的前一日。

3. 用人单位与劳动者签订劳动合同到期不续签会导致什么后果？

【案情简介】

2013 年 9 月 5 日，王先生入职柠檬科技公司从事开发工作，当日即签订了劳动合同，合同期限自 2013 年 9 月 5 日至 2016 年 9 月 4 日。2016 年 9 月 2 日，柠檬科技公司 HR 告诉王先生："小王啊，你与公司的劳动合同在后天就到期了，这几年感谢你为公司作出的努力，在到期日来办理离职吧。"2016 年 9 月 4 日，王先生前去办理离职，双方对工资结算没有异议，但在经济补偿金上发生了分歧。王先生表示自己这几年在柠檬科技公司勤勤恳恳，而且也想继续待在柠檬科技公司，但是柠檬科技公司却不再续签合同，理应给付补偿金。而柠檬科技公司却表示，就不续签劳动合同双方已经协商一致，无须向其支付经济补偿金。后王先生向劳动人事争议仲裁委员会申请仲裁，要求柠檬科技公司支付劳动合同到期不续签的经济补偿金。

【案情分析】

柠檬科技公司与王先生第一次劳动合同到期后不续签，根据《劳动合同法》第 44 条第 1 项规定，劳动合同期满的，劳动合同终止，因此，劳动合同期满属于法定终止事由，用人单位确实可以决定不续签劳动合同。但是，根据《劳动合同法》第 46 条第 5 项规定，除用人单位维持或者提高劳动合同约定条件续订劳动合同，劳动者不同意续订的情形外，依照该法第 44 条第 1 项规定终止固定期限劳动合同的，用人单位应当向劳动者支付经济补偿。柠檬科技公司应当按照王先生的工作年限每满 1 年支付 1 个月的补偿金，6 个月以上不满 1 年的按 1 年计算，不满 6 个月的按半年计算。劳动人事争议仲裁委员会支持了王先生的仲裁请求，柠檬科技公司应按照王先生的工作年限支付经济补偿金。

【风险提示】

劳动合同期满，并不代表用人单位可以肆意决定不续签劳动合同。第一次签订劳动合同期满后用人单位可以决定不续签，但应当按照劳动者的工作年限支付经济补偿金；连续订立两次固定期限劳动合同期满后应当签订无固定期限劳动合同。用人单位可以在合同届满前，通过各种方式提前了解劳动者的明确想法，如微信、通话记录等，而且要保存好沟通记录。如果劳动者明确表示在维持原劳动合同条件下，无续订之意，则用人单位无须支付经济补偿金。如果劳动者有意续订，用人单位也应尽可能与劳动者协商解决合同到期事宜。同时，用人单位的人事部门要实时关注劳动者劳动合同的期限，到期时及时处理续订或终止事宜，避免给用人单位造成损失。同时需要注意的是，并不是只要劳动者拒绝续订，用人单位都不用支付经济补偿金，如果是因为降低了工资待遇，劳动者才拒绝续订，用人单位也要支付经济补偿金。

【相关法条】

《中华人民共和国劳动合同法》

第四十四条　有下列情形之一的，劳动合同终止：

（一）劳动合同期满的；

…………

第四十六条　有下列情形之一的，用人单位应当向劳动者支付经济补偿：

…………

（五）除用人单位维持或者提高劳动合同约定条件续订劳动合同，劳动者不同意续订的情形外，依照本法第四十四条第一项规定终止固定期限劳动合同的。

…………

4. 用人单位自用工之日起一个月内，书面通知劳动者签订劳动合同，劳动者拒绝签订，怎么办？

【案情简介】

2018 年 12 月 10 日许先生入职山竹鞋具公司担任缝纫机操作员，按计件方式结算工资。山竹鞋具公司当月要求许先生签订书面劳动合同，但许先生却总是以"自己之前从来没做过这类工作，先干一段时间，看自己是否适合"为由迟迟不签劳动合同。2019 年 1 月 9 日山竹鞋具公司以许先生不签订书面劳动合同为由书面通知许先生终止双方劳动关系。随后，山竹鞋具公司收到了来自劳动人事争议仲裁委员会的通知，许先生主张山竹鞋具公司支付违法解除赔偿金。

【案情分析】

山竹鞋具公司自许先生入职之日起一个月内应当与其签订书面劳动合同，根据《劳动合同法》第 82 条的规定，用人单位自用工之日起超过 1 个月不满 1 年未与劳动者签订合同的，应当向劳动者支付 2 倍工资。该条立法的目的在于规范用人单位与劳动者之间的用工关系，提高劳动合同签订率，固定双方的权利义务，避免权利义务呈现真伪不明的状态，保障劳动者合法权益。劳动合同的签订需要双方参与，不仅是用人单位负有主动与劳动者签订劳动合同的义务，作为劳动者也应积极与用人单位签订劳动合同。山竹鞋具公司要求与许先生签订书面劳动合同，许先生均以各种理由拖延不签订书面劳动合同，随后山竹鞋具公司在一个月内书面通知终止双方劳动关系，符合法律规定，故劳动人事争议仲裁委员会驳回了许先生的仲裁请求。

【风险提示】

虽然法律明确规定了用人单位未及时签订劳动合同将会面临支付 2 倍工资风险，但同时也给了用人单位一定的权利，即自用工之日起一个月内，劳动者经用人单位书面通知不订立劳动合同的，用人单位有权终止劳动关系，且无须支付经济补偿金。

因此，用人单位在遇到劳动者不签订、拖延签订劳动合同的，应自用工之日起一个月内终止劳动关系。用人单位在签订劳动合同的过程中要保存好相关证据，避免陷入后续纠纷。

【相关法条】

《中华人民共和国劳动合同法实施条例》

第五条　自用工之日起一个月内，经用人单位书面通知后，劳动者不与用人单位订立书面劳动合同的，用人单位应当书面通知劳动者终止劳动关系，无需向劳动者支付经济补偿，但是应当依法向劳动者支付其实际工作时间的劳动报酬。

第六条　用人单位自用工之日起超过一个月不满一年未与劳动者订立书面劳动合同的，应当依照劳动合同法第八十二条的规定向劳动者每月支付两倍的工资，并与劳动者补订书面劳动合同；劳动者不与用人单位订立书面劳动合同的，用人单位应当书面通知劳动者终止劳动关系，并依照劳动合同法第四十七条的规定支付经济补偿。

前款规定的用人单位向劳动者每月支付两倍工资的起算时间为用工之日起满一个月的次日，截止时间为补订书面劳动合同的前一日。

5. 用人单位在什么情况下必须签无固定期限劳动合同以及不签无固定期限劳动合同的法律后果

【案情简介】

陈先生于 2012 年 7 月 10 日入职蟠桃食品公司，双方连续订立了两次固定期限劳动合同。2020 年 7 月 9 日第二次签订的劳动合同到期后，陈先生希望与蟠桃公司订立无固定期限劳动合同，而蟠桃公司却要求陈先生先办理离职再办理入职手续。陈先生认为蟠桃公司此举是想辞退自己，并未同意。双方就这样僵持不下，一直未续签书面合同，但陈先生仍继续上班。陈先生向劳动人事争议仲裁委员会申请仲裁要求蟠桃食品公司支付未签订无固定期限合同期间的 2 倍工资。

【案情分析】

陈先生与蟠桃食品公司已经连续订立两次固定期限劳动合同，第二次签订的劳动合同到期后，陈先生向蟠桃公司表示了希望订立无固定期限劳动合同的意愿，符合应订立无固定期限劳动合同的情形。根据《劳动合同法》的相关规定，用人单位应签无固定期限劳动合同但未签的，自应当订立无固定期限劳动合同之日起向劳动者每月支付 2 倍的工资。蟠桃食品公司要求陈先生先离职再入职的行为违反了《劳动合同法》的规定，劳动人事争议仲裁委员会支持了陈先生的仲裁请求，蟠桃食品公司应向陈先生支付未订立无固定期限劳动合同期间的 2 倍工资。

【风险提示】

为了保障劳动关系的稳定性，法律规定了在特定情形下用人单位应当与劳动者签订无固定期限劳动合同。最常见的一般有两种情形：一是劳动者在该用人单位连续工作满 10 年，二是已连续订立两次固定期限劳动合同。

用人单位需要注意的是，在应当订立无固定期限劳动合同的情形下，如果劳动者没有明确提出要订立固定期限劳动合同的，用人单位应与劳动者订立无固定期限劳动合同。如果用人单位应当订立无固定期限劳动合同但未与劳动者订立的，自应当订立无固定期限劳动合同之日起向劳动者每月支付 2 倍的工资。

【相关法条】

《中华人民共和国劳动合同法》

第十四条　无固定期限劳动合同，是指用人单位与劳动者约定无确定终止时间的劳动合同。

用人单位与劳动者协商一致，可以订立无固定期限劳动合同。有下列情形之一，劳动者提出或者同意续订、订立劳动合同的，除劳动者提出订立固定期限劳动合同外，应当订立无固定期限劳动合同：

（一）劳动者在该用人单位连续工作满十年的；

（二）用人单位初次实行劳动合同制度或者国有企业改制重新订立劳动合同时，劳动者在该用人单位连续工作满十年且距法定退休年龄不足十年的；

（三）连续订立二次固定期限劳动合同，且劳动者没有本法第三十九条和第四十条第一项、第二项规定的情形，续订劳动合同的。

用人单位自用工之日起满一年不与劳动者订立书面劳动合同的，视为用人单位与劳动者已订立无固定期限劳动合同。

第八十二条　用人单位自用工之日起超过一个月不满一年未与劳动者订立书面劳动合同的，应当向劳动者每月支付二倍的工资。

用人单位违反本法规定不与劳动者订立无固定期限劳动合同的，自应当订立无固定期限劳动合同之日起向劳动者每月支付二倍的工资。

6. 用人单位未与劳动者签订书面劳动合同，如何计算 2 倍工资差额？

【案情简介】

2010 年 5 月 8 日，徐先生进入云莓公司从事仓库保管工作，云莓公司每月支付徐先生工资 3 000 元。双方未签订书面劳动合同，云莓公司也未给徐先生缴纳社会保险。2011 年 3 月 8 日徐先生向云莓公司提出离职，同时要求云莓公司支付未签劳动合同的 2 倍工资差额，云莓公司以徐先生未完成本职工作为由予以拒绝。后徐先生向劳动人事争议仲裁委员会提出申请，要求云莓公司支付未签订书面劳动合同的 2 倍工资。

【案情分析】

徐先生于 2010 年 5 月 8 日入职，并于当日与云莓公司建立劳动关系，云莓公司应当于 2010 年 6 月 7 日前与徐先生签订书面劳动合同，但云莓公司并未与其签订书面劳动合同，根据《劳动合同法》第 82 条关于"用人单位自用工之日起超过一个月不满一年未与劳动者订立书面劳动合同的，应当向劳动者每月支付二倍的工资"的规定，云莓公司应向徐先生支付 2010 年 6 月 8 日至 2011 年 5 月 8 日期间未签订书面劳动合同的 2 倍工资。

【风险提示】

法律给了用人单位与劳动者订立劳动合同的缓冲期，即一个月，也就是从用工之日起一个月，在这一个月期限内，用人单位与劳动者订立劳动合同符合法律规定，超出一个月，用人单位将要面临支付 2 倍工资的风险。2 倍工资的起算时间为超出一个月的次日起算，到订立书面劳动合同之前一日，最多需支付 11 个月。用人单位超出一年未与劳动者订立劳动合同的视为与劳动者建立无固定期限劳动合同。

【相关法条】

《中华人民共和国劳动合同法》

第十四条（第三款） 用人单位自用工之日起满一年不与劳动者订立书面劳动合同的，视为用人单位与劳动者已订立无固定期限劳动合同。

第八十二条（第一款） 用人单位自用工之日起超过一个月不满一年未与劳动者订立书面劳动合同的，应当向劳动者每月支付二倍的工资。

7. 用人单位的人事经理未签订书面劳动合同，用人单位是否需要支付 2 倍工资？

【案情简介】

2015 年 6 月 3 日，刘女士进入北京青梅文化公司出任人事经理职位，负责人员招聘、劳动合同签订管理、保管全部人事档案资料等事宜。2016 年 5 月 20 日刘女士因个人原因主动辞职，要求北京青梅文化公司支付未签订劳动合同的 2 倍工资。

【案情分析】

刘女士是北京青梅文化公司人事经理，负责北京青梅文化公司人事管理，其岗位职责包括入职劳动者合同的签订，理应知晓用人单位签订劳动合同的义务，也应当知晓不订立书面劳动合同将承担支付 2 倍工资的法律责任。但刘女士却在自己入职后未安排签订书面合同，属于工作严重失误或主观故意，北京青梅文化公司在不存在过错的情况下不应承担支付未签订劳动合同 2 倍工资的后果。

【风险提示】

用人单位与劳动者未签订书面劳动合同，不能一刀切地认为用人单位势必应承担支付 2 倍工资的责任。如果此处的劳动者身份为人事经理或负责劳动合同订立管理工作的高级管理人员，对其自身未签订书面合同存在主观故意行为，用人单位无须支付未签订书面劳动合同的 2 倍工资。如果其向用人单位提出过订立劳动合同，而用人单位拒绝的，用人单位应当支付 2 倍工资。

用人单位未与劳动者签订书面劳动合同，应向劳动者支付 2 倍工资，这一规定的目的不是处罚用人单位，是促使用人单位及时和劳动者签订书面劳动合同，保障劳动者的合法权益，从而促进劳动关系的稳定。

【相关法条】

《中华人民共和国劳动合同法》

第八十二条　用人单位自用工之日起超过一个月不满一年未与劳动者订立书面劳动合同的，应当向劳动者每月支付二倍的工资。

用人单位违反本法规定不与劳动者订立无固定期限劳动合同的，自应当订立无固定期限劳动合同之日起向劳动者每月支付二倍的工资。

北京市高级人民法院、北京市劳动争议仲裁委员会《关于劳动争议案件法律适用问题研讨会会议纪要（二）》

31. 用人单位法定代表人、高管人员、人事管理部门负责人或主管人员未与用人单位订立书面劳动合同并依据《劳动合同法》第八十二条规定向用人单位主张二倍工资的，应否支持？

用人单位法定代表人依据《劳动合同法》第八十二条规定向用人单位主张二倍工资的，一般不予支持。

用人单位高管人员依据《劳动合同法》第八十二条规定向用人单位主张二倍工资的，可予支持，但用人单位能够证明该高管人员职责范围包括管理订立劳动合同内容的除外。对有证据证明高管人员向用人单位提出签订劳动合同而被拒绝的，仍可支持高管人员的二倍工资请求。

用人单位的人事管理部门负责人或主管人员依据《劳动合同法》第八十二条规定向用人单位主张二倍工资的，如用人单位能够证明订立劳动合同属于该人事管理部门负责人的工作职责，可不予支持。有证据证明人事管理部门负责人或主管人员向用人单位提出签订劳动合同，而用人单位予以拒绝的除外。

8. 原用人单位将劳动者安排到其关联企业工作，是否需要重新签订新的书面劳动合同？

【案情简介】

2018 年，司先生入职甘蔗公司担任产品经理，双方签订了固定期限合同至 2023 年 8 月 23 日。2021 年 5 月受疫情影响，甘蔗公司选择将大量业务转移到其旗下子公司椰子公司继续经营，包括司先生在内的员工亦随之转移，工作地点、薪资、岗位均未变，但社会保险缴纳主体、工资发放主体变更为椰子公司，但椰子公司一直未与司先生签订书面劳动合同。

【案情分析】

司先生最开始入职的是甘蔗公司，且双方已签订书面劳动合同，在劳动合同有效期内，被安排至新用人单位椰子公司工作。依据法律规定，用人单位在发生合并或者分立等情况，原劳动合同继续有效，劳动合同由承继其权利和义务的用人单位继续履行。显然，本案新旧用人单位属于母子公司，虽然存在关联关系，但并不存在企业合并或分立的情形，且新旧用人单位与劳动者之间并未就劳动合同权利义务的承继问题达成书面的三方协议，为了真正实现"明确劳动合同双方当事人的权利和义务，保护劳动者的合法权益"的立法目的，新用人单位椰子公司应依照《劳动合同法》第 10 条规定与司先生重新签订书面劳动合同。

【风险提示】

在实践中有部分用人单位因业务需求会将劳动者安排到其他企业工作，如果新用人单位未与劳动者订立书面劳动合同，可能会导致劳动争议纠纷的产生，判断新用人单位是否承担支付 2 倍工资责任的关键在于：新单位与原用人单位是否属于公司合并或分立。当然最保险的方法是，不论劳动者是通过怎样的方式到新用人单位工作，原用人单位、新用人单位可以与劳动者签订三方协议。这里需要注意的是，劳动者非因本人原因从原用人单位被安排到新用人单位工作，在计算工作年限时，会将原用人单位和新用人单位的工作年限合并计算。

【相关法条】

《中华人民共和国劳动合同法》

第一条　为了完善劳动合同制度，明确劳动合同双方当事人的权利和义务，保护劳动者的合法权益，构建和发展和谐稳定的劳动关系，制定本法。

第十条　建立劳动关系，应当订立书面劳动合同。

已建立劳动关系，未同时订立书面劳动合同的，应当自用工之日起一个月内订立书面劳动合同。

用人单位与劳动者在用工前订立劳动合同的，劳动关系自用工之日起建立。

第三十四条　用人单位发生合并或者分立等情况，原劳动合同继续有效，劳动合同由承继其权利和义务的用人单位继续履行。

最高人民法院《关于审理劳动争议案件适用法律问题的解释（一）》

第四十六条　劳动者非因本人原因从原用人单位被安排到新用人单位工作，原用人单位未支付经济补偿，劳动者依据劳动合同法第三十八条规定与新用人单位解除劳动合同，或者新用人单位向劳动者提出解除、终止劳动合同，在计算支付经济补偿或赔偿金的工作年限时，劳动者请求把在原用人单位的工作年限合并计算为新用人单位工作年限的，人民法院应予支持。

用人单位符合下列情形之一的，应当认定属于"劳动者非因本人原因从原用人单位被安排到新用人单位工作"：

（一）劳动者仍在原工作场所、工作岗位工作，劳动合同主体由原用人单位变更为新用人单位；

（二）用人单位以组织委派或任命形式对劳动者进行工作调动；

（三）因用人单位合并、分立等原因导致劳动者工作调动；

（四）用人单位及其关联企业与劳动者轮流订立劳动合同；

（五）其他合理情形。

9. 用人单位应当与劳动者签订无固定期限劳动合同，但与劳动者签订了固定期限劳动合同，是否有效?

【案情简介】

孙先生于 2012 年 7 月 10 日入职桑葚食品公司，双方已连续两次订立固定期限劳动合同。2020 年 7 月 9 日，双方签署的第二次劳动合同到期后，桑葚食品公司与孙先生又签订了为期 4 年的劳动合同。事后孙先生了解到自己符合签订无固定期限劳动合同的情形，认为双方的固定期限劳动合同因违反法律规定而无效，要求桑葚食品公司支付 2 倍工资。

【案情分析】

孙先生与桑葚食品公司连续两次订立固定期限劳动合同后，再次续签应签订无固定期限劳动合同，但是双方已经签订固定期限合同，《劳动合同法》相关规定并未否定在应签无固定合同的情形下签订固定期限劳动合同的效力。且在双方签订合同的时候，桑葚食品公司并没有胁迫或者欺骗孙先生，系双方真实意愿的表达，所以孙先生和桑葚食品公司签订的劳动合同是有效的，双方应继续遵照履行，孙先生主张未签订无固定期限劳动合同的 2 倍工资缺乏依据，也违背民法典意义上的诚实信用原则。

【风险提示】

对于劳动者符合应签订无固定劳动合同期限的情形，法律赋予了劳动者一定的选择权，即劳动者可以选择签订固定或者无固定期限的合同，但用人单位对此没有选择权。如果劳动者提出签订无固定期限劳动合同的要求，用人单位就应当与之订立无固定期限合同，否则就会存在承担支付 2 倍工资的法律风险。但是，在应当签订无固定期限合同的情形下，实际签订了固定期限劳动合同，法律并未否定这种行为的有效性。

对于无固定期限劳动合同，用人单位不要谈而色变，与劳动者签订了无固定期限劳动合同，并不是说劳动者可以高枕无忧，用人单位不能解除劳动关系，如果劳动者有违反相关法律规定和严重违反规章制度的，用人单位仍有权解除劳动合同。

【相关法条】

《中华人民共和国劳动合同法》

第十四条　无固定期限劳动合同，是指用人单位与劳动者约定无确定终止时间的劳动合同。

用人单位与劳动者协商一致，可以订立无固定期限劳动合同。有下列情形之一，劳动者提出或者同意续订、订立劳动合同的，除劳动者提出订立固定期限劳动合同外，应当订立无固定期限劳动合同：

（一）劳动者在该用人单位连续工作满十年的；

（二）用人单位初次实行劳动合同制度或者国有企业改制重新订立劳动合同时，劳动者在该用人单位连续工作满十年且距法定退休年龄不足十年的；

（三）连续订立二次固定期限劳动合同，且劳动者没有本法第三十九条和第四十条第一项、第二项规定的情形，续订劳动合同的。

用人单位自用工之日起满一年不与劳动者订立书面劳动合同的，视为用人单位与劳动者已订立无固定期限劳动合同。

第三十九条　劳动者有下列情形之一的，用人单位可以解除劳动合同：

（一）在试用期间被证明不符合录用条件的；

（二）严重违反用人单位的规章制度的；

（三）严重失职，营私舞弊，给用人单位造成重大损害的；

（四）劳动者同时与其他用人单位建立劳动关系，对完成本单位的工作任务造成严重影响，或者经用人单位提出，拒不改正的；

（五）因本法第二十六条第一款第一项规定的情形致使劳动合同无

效的；

（六）被依法追究刑事责任的。

10. 用人单位与劳动者的劳动合同期满后，劳动关系因法定事由延续，劳动者因此连续工作年限满 10 年，是否符合与用人单位订立无固定期限劳动合同的条件？

【案情简介】

刘女士于 2012 年 4 月 3 日入职美心服装公司工作，双方签订了 5 年的劳动合同。在劳动合同到期时，因刘女士工作表现出色，双方又再一次续签劳动合同至 2021 年 12 月 31 日。2021 年 12 月 10 日，因怀孕接近生产，刘女士开始休产假。2022 年 6 月 10 日产假结束，刘女士到美心服装公司上班并要求签订无固定期限劳动合同，不料美心服装公司却告知刘女士其劳动合同早已到期，现在不属于公司员工。

【案情分析】

刘女士与美心服装公司的劳动合同虽于 2021 年 12 月 31 日到期，但因刘女士处于产期，劳动关系并不因劳动合同的到期而终止，劳动关系应相应延续，延续至刘女士"三期"（孕期、产期、哺乳期）结束。至"三期"结束时刘女士已在美心服装公司连续工作满 10 年，满足应订立无固定期限劳动合同的情形。刘女士明确提出签订无固定期限劳动合同时，美心服装公司应当与刘女士订立无固定期限劳动合同。

【风险提示】

女职工处于"三期"时，即使劳动合同到期，劳动关系也不会立即终止，而是延续到"三期"结束。此时，用人单位若强行与其终止劳动合同，则属于违法解除，用人单位会面临支付经济赔偿金的风险。如果劳动关系延续，导致劳动者连续工作满 10 年，劳动者因此要求签订无固定期限劳动合同，用人单位应当与其签订无固定期限劳动合同，否则有可能会陷入支付未签订无固定期限劳动合同的 2 倍工资或违法解除的风险。其实，不只是处于"三期"的劳动者会导致劳动关系延续，还有其他情形，比如工伤等，详见下列相关法条。

【相关法条】

《中华人民共和国劳动合同法》

第四十二条　劳动者有下列情形之一的，用人单位不得依照本法第四十条、第四十一条的规定解除劳动合同：

（一）从事接触职业病危害作业的劳动者未进行离岗前职业健康检查，或者疑似职业病病人在诊断或者医学观察期间的；

（二）在本单位患职业病或者因工负伤并被确认丧失或者部分丧失劳动能力的；

（三）患病或者非因工负伤，在规定的医疗期内的；

（四）女职工在孕期、产期、哺乳期的；

（五）在本单位连续工作满十五年，且距法定退休年龄不足五年的；

（六）法律、行政法规规定的其他情形。

第四十五条　劳动合同期满，有本法第四十二条规定情形之一的，劳动合同应当续延至相应的情形消失时终止。但是，本法第四十二条第二项规定丧失或者部分丧失劳动能力劳动者的劳动合同的终止，按照国家有关工伤保险的规定执行。

11. 用人单位未经劳动行政部门批准实行不定时工作制，是否需要向劳动者支付加班费？

【案情简介】

2018 年，胡先生入职多多鞋业公司，签订了劳动合同，劳动合同约定工资每月 4 000 元，公司实行"996"工作制。2021 年，胡先生提出离职，要求多多鞋业公司支付加班费，但多多鞋业公司却以劳动合同约定了不定时工作制为由拒绝。胡先生向劳动人事争议仲裁委员会提出申请，要求多多鞋业公司支付加班费。

【案情分析】

多多鞋业公司规定"996"工作制的工时制度，且胡先生也是按照该制度提供劳动，超过国家规定的每日工作时间不超过 8 小时、平均每周工作时间不超过 40 小时的工时制度，用人单位若不能实行标准工时制度需要向劳动行政部门提交审批申请，获得劳动行政部门批准才可以执行不定时工作制。多多鞋业公司虽称其实行的是不定时工作制，但该工作制并没有获得劳动行政部门的批准，应按照标准工时用工，超出的部分应支付加班费。劳动人事争议仲裁委员会支持了胡先生的仲裁请求，多多鞋业公司应支付胡先生加班费。

【风险提示】

在劳动关系中，相比劳动者，用人单位的地位较为强势。就不定时工时制度，国家的管理较为严格，其目的是避免用人单位利用自己的强势地位滥用权力，通过约定不定时工作制度损害劳动者的合法权益，同时又考虑不同行业的特点，对于确实需要执行不定时工作制的企业，国家采用行政审批的手段，经审批后，企业可以采用不定时工作制，其目的是既保证了企业的自主经营，又确保劳动者的合法权益。如果用人单位未经行政审批仅仅在劳动合同中约定采取不定时工作制，该约定是无效的。如果用工时长超过标准工时，应支付加班费，加班费的计算标准为工作日时长超过 8 小时的，按照 1.5 倍工资支付加班费；休息日加班不能安排补休的，按照 2 倍工资支付加班费；法定节假日加班的，按照 3 倍工资支付加班费。

【相关法条】

《中华人民共和国劳动法》

第三十九条 企业因生产特点不能实行本法第三十六条、第三十八条规定的，经劳动行政部门批准，可以实行其他工作和休息办法。

12. 用人单位与劳动者在劳动合同中约定违约金条款存在的法律风险

【案情简介】

2017 年 6 月 23 日，罗先生进入然然科技公司任职前端开发工程师，当日即签订劳动合同，合同约定：然然科技公司为罗先生提供前端技术专业培训，培训费 30 000 元，由然然科技公司承担，但罗先生必须向然然科技公司履行 5 年的服务期；若罗先生违反该约定，应向然然科技公司支付违约金 50 000 元。罗先生在职期间，逐渐成为然然科技公司研发部门的技术担当。因期望有更好的发展机会，罗先生遂于 2020 年 9 月 28 日向然然科技公司提出离职。后然然科技公司要求罗先生支付 50 000 元违约金。

【案情分析】

然然科技公司为罗先生提供专业培训，并承担 30 000 元的培训费，为保证罗先生能持续为然然科技公司服务，公司与罗先生约定了 5 年的服务期，如有违反则罗先生需支付违约金 50 000 元。然然科技公司与罗先生约定的违约金数额远超公司为其支付的培训费用。根据《劳动合同法》关于服务期的规定，用人单位为劳动者提供专项培训费用，对其进行专业技术培训的，可以与该劳动者订立协议，约定服务期。劳动者违反服务期约定的，应当按照约定向用人单位支付违约金。违约金的数额不得超过用人单位提供的培训费用，且不得超过服务期内尚未履行部分所分摊的费用。罗先生应按照然然科技公司为其提供专项培训的费用并结合实际的工作年限，向然然科技公司支付剩余未履行的服务期对应的违约金。

【风险提示】

在劳动合同中可以约定违约金的情形只有服务期和竞业限制，除此之外，其他任何在劳动合同中约定违约金的条款都是无效的。实践中，常有用人单位为吸引和留住人才提供各种福利，比如提供落户、发放住房补贴及安家费、提供科研启动费等，并由此约定违约金。这类条款会因违反《劳动合同法》的强制性规定而无效，但此时劳动者违反诚实信用原则，如用人单位因此产生了损失，可以要求劳动者赔偿损失。用人单位需要注意保留提供福利的相关票据和证据，并在争议发生时能够提供证据予以证明损失的发生，以避免造成用人单位重大财产损失。

【相关法条】

《中华人民共和国劳动合同法》

第二十二条　用人单位为劳动者提供专项培训费用，对其进行专业技术培训的，可以与该劳动者订立协议，约定服务期。

劳动者违反服务期约定的，应当按照约定向用人单位支付违约金。违约金的数额不得超过用人单位提供的培训费用。用人单位要求劳动者支付的违约金不得超过服务期尚未履行部分所应分摊的培训费用。

用人单位与劳动者约定服务期的，不影响按照正常的工资调整机制提高劳动者在服务期期间的劳动报酬。

第二十三条　用人单位与劳动者可以在劳动合同中约定保守用人单位的商业秘密和与知识产权相关的保密事项。

对负有保密义务的劳动者，用人单位可以在劳动合同或者保密协议中与劳动者约定竞业限制条款，并约定在解除或者终止劳动合同后，在竞业限制期限内按月给予劳动者经济补偿。劳动者违反竞业限制约定的，应当按照约定向用人单位支付违约金。

第二十五条　除本法第二十二条和第二十三条规定的情形外，用人单位不得与劳动者约定由劳动者承担违约金。

北京市高级人民法院、北京市劳动争议仲裁委员会《关于劳动争议案件法律适用问题研讨会会议纪要》

33. 用人单位为其招用的劳动者办理了本市户口，双方据此约定了服务期和违约金，用人单位以双方约定为依据要求劳动者支付违约金的，不应予以支持。确因劳动者违反了诚实信用原则，给用人单位造成损失的，劳动者应当予以赔偿。

（二）试用期

尊敬的 HR 朋友：

您好！

目前，新入职的 7 名员工已经签订了劳动合同，他们即将开始的试用期，您做好准备了吗？比如：公司之前的离职员工要不要约定试用期呢？试用期能不能再次延长呢？试用期能不能调岗呢？您是否向他们明确了试用期的考核标准呢？是否能以"试用期不符合录用条件"为由合法解除劳动合同呢？

不着急，针对这些疑惑您都将在接下来的篇章内找到答案。

1. 用人单位与劳动者单独签订试用期劳动合同是否有效？

【案情简介】

2010 年 3 月，应届大学毕业生王同学被乌梅公司录用，但在签订劳动合同时，乌梅公司表示，按照公司规定，凡是新招用的职工要先签订 6 个月的试用期合同，试用期工资是正常工资的一半。试用期过后经考核合格才能签订正式的劳动合同。王同学考虑到如今刚毕业，就业不易，就签订了这份试用期合同。6 个月期满后，乌梅公司以王同学在试用期内表现不合格为由，不予签订正式的劳动合同。王同学对此不服，向劳动人事争议仲裁委员会提出仲裁，要求乌梅公司补发未按照正常工资支付的工资差额。

【案情分析】

乌梅公司与王同学单独签订试用期合同，而未签订正式的劳动合同，且试用期的工资是正常工资的一半。根据法律规定，试用期包含在劳动合同期限内，如用人单位与劳动者在劳动合同中仅约定试用期的，试用期不成立，该期限为劳动合同期限，且试用期的工资不得低于正常工资的 80%。乌梅公司与王同学只单独签订了试用期合同，试用期不成立，6 个月的试用期即为劳动合同期限。劳动人事争议仲裁委员会最终支持了王同学的仲裁请求，乌梅公司向王同学补足未按照正常工资支付的工资差额。

【风险提示】

对于刚入职的新员工，有用人单位与其签订试用期合同，以便考察员工的工作能力，占据主动性，在通过试用期后再另行签订正式的劳动合同。殊不知，法律规定用人单位仅约定试用期的，试用期不成立，该期限为劳动合同期限。用人单位与劳动者签订的试用期合同视为劳动合同。法律还规定，连续订立两次固定期限劳动合同后，劳动者提出或者同意续订、订立劳动合同的，除劳动者提出订立固定期限劳动合同外，应当订立无固定期限劳动合同。在订立试用期合同后又签订正式劳动合同的，属于连续两次订立固定期限劳动合同，劳动合同期限届满，用人单位应与劳动者续订无固定期限劳动合同，所以用人单位行此法得不偿失。

如果用人单位欲达考察员工之目的，在法律规定范围内约定较长试用期即可。与新入职的员工签订劳动合同时可约定 3 年以上固定期限或无固定期限劳动合同，此时试用期可长达 6 个月。此外，需要注意的是用人单位与劳动者约定的试用期工资不得低于本单位相同岗位最低档工资或者劳动合同约定工资的 80%，并不得低于用人单位所在地的最低工资标准。

【相关法条】

《中华人民共和国劳动合同法》

第十九条　劳动合同期限三个月以上不满一年的，试用期不得超过一个月；劳动合同期限一年以上不满三年的，试用期不得超过二个月；三年以上固定期限和无固定期限的劳动合同，试用期不得超过六个月。

同一用人单位与同一劳动者只能约定一次试用期。

以完成一定工作任务为期限的劳动合同或者劳动合同期限不满三个月的，不得约定试用期。

试用期包含在劳动合同期限内。劳动合同仅约定试用期的，试用期不成立，该期限为劳动合同期限。

第二十条　劳动者在试用期的工资不得低于本单位相同岗位最低档工资或者劳动合同约定工资的百分之八十，并不得低于用人单位所在地的最低工资标准。

2. 劳动者在试用期不合格可以延长试用期吗？

【案情简介】

2014 年 5 月 4 日段先生入职圣女果公司，劳动合同期限自 2014 年 5 月 4 日至 2016 年 5 月 3 日，试用期至 2014 年 7 月 3 日。试用期结束后圣女果公司以段先生在试用期不合格为由，要求段先生签订试用期延长协议，将试用期延长至 2014 年 11 月 4 日，月工资为 8 000 元，试用期工资按月工资的 80% 支付。2015 年 11 月 3 日段先生因个人原因主动辞职，段先生申请劳动仲裁请求圣女果公司支付 2014 年 7 月 4 日至 2014 年 11 月 4 日的工资差额。

【案情分析】

圣女果公司与段先生签订为期 2 年的劳动合同，其中试用期为 2 个月，试用期届满以后公司以段先生试用期不合格为由要求段先生签订延长 4 个月的试用期协议。根据法律规定，劳动者在试用期不合格，用人单位可以劳动者在试用期间不符合录用条件为由解除劳动合同，但是不能以此为由延长试用期期限，因为同一用人单位只能与同一劳动者约定一次试用期，圣女果公司延长段先生试用期限的行为违反法律规定。劳动人事争议仲裁委员会最终支持了段先生的仲裁请求，圣女果公司支付延长试用期期间的工资差额。

【风险提示】

试用期条款是劳动合同的条款之一。众所周知，试用期是用人单位与劳动者双方进行互相考核、增进了解的初始阶段。在此期间，用人单位与劳动者是对等的存在。但是根据法律规定，用人单位只能与劳动者约定一次试用期限，不能因劳动者在试用期间表现不合格而再次约定延长试用期限。

除此之外，还有以下两点需要提示：第一，虽然说用人单位不可以劳动者试用期间表现不合格为由延长试用期限，但是可以劳动者在试用期间表现优秀为由缩短试用期限。这主要是因为在劳动关系中，劳动者处于弱势地位，法律为了保护劳动者的合法权益不受侵犯而倾向于保护劳动者。第二，为了应对试用期员工表现不合格的情形，用人单位应当在规章制度中作出相应的规定，并且规定用人单位应对此情形，可依据岗位、绩效、薪资等人力资源管理指标对劳动者设置相应的处理方式，以此淘汰试用期不符合录用条件的劳动者。

【相关法条】

《中华人民共和国劳动合同法》

第十九条　劳动合同期限三个月以上不满一年的，试用期不得超过一个月；劳动合同期限一年以上不满三年的，试用期不得超过二个月；三年以上固定期限和无固定期限的劳动合同，试用期不得超过六个月。

同一用人单位与同一劳动者只能约定一次试用期。

以完成一定工作任务为期限的劳动合同或者劳动合同期限不满三个月的，不得约定试用期。

试用期包含在劳动合同期限内。劳动合同仅约定试用期的，试用期不成立，该期限为劳动合同期限。

3. 用人单位与劳动者约定的试用期短于法定期限的，试用期是否可以延长？

【案情简介】

张先生于 2018 年 3 月 26 日入职西梅教育公司，任销售专员，双方订立为期 3 年的劳动合同，其中试用期为 3 个月。2018 年 6 月 25 日试用期满后，西梅教育公司以法律规定的 3 年的劳动合同可以约定 6 个月的试用期为由，将张先生的试用期延长到 2018 年 9 月 25 日。2019 年 9 月 1 日，张先生因业绩不佳压力较大向西梅教育公司提出辞职，并且要求西梅教育公司支付延长试用期期间的工资差额。

【案情分析】

西梅教育公司与张先生签订了为期 3 年的劳动合同，并且约定试用期为 3 个月，之后西梅教育公司因双方规定的试用期短于法律规定的最长试用期限而将张先生的试用期延长至 6 个月。虽然在 3 年以上固定期限的劳动合同中，用人单位可以与劳动者约定不超过 6 个月的试用期，但是用人单位只能与劳动者约定一次试用期，不得单方面延长双方之前约定的试用期。西梅教育公司以与张先生之前约定的试用期短于最长试用期为由延长试用期，该行为显然违反了法律规定。因此西梅教育公司应当向张先生支付延长试用期期间的工资差额。

【风险提示】

用人单位与劳动者约定劳动合同期限的时候应当结合劳动者的个人能力和公司的实际情况等来确定合同期限。合同期限确定之后，用人单位应当在法律规定的范围内决定劳动者的试用期期限，但是不得超过法律规定的最长试用期期限。劳动合同期限 3 个月以上不满 1 年的，试用期不得超过 1 个月；劳动合同期限 1 年以上不满 3 年的，试用期不得超过 2 个月；3 年以上固定期限和无固定期限的劳动合同，试用期不得超过 6 个月。即使用人单位与劳动者约定的试用期短于法定期限的，用人单位也不得单方面决定延长劳动者的试用期限。

用人单位与劳动者约定的试用期限不是越长越好。如果约定的试用期限过长，会加大劳动者在试用期间离职的风险，根据法律规定，劳动者在试用期间离职只需提前 3 天通知用人单位即可。而约定的试用期限过短，相当于变相增加公司的用人成本。劳动者在试用期间，一般处于熟悉公司运行流程的阶段，如果缩短试用期限，劳动者所具备的工作能力与薪资不匹配的风险可能会加大。因此，用人单位在签订劳动合同时，应当结合劳动者的个人能力和用人单位的实际情况来约定劳动者的试用期限，但是该期限应当在法律规定的范围内。

【相关法条】

《中华人民共和国劳动合同法》

第十九条　劳动合同期限三个月以上不满一年的，试用期不得超过一个月；劳动合同期限一年以上不满三年的，试用期不得超过二个月；三年以上固定期限和无固定期限的劳动合同，试用期不得超过六个月。

同一用人单位与同一劳动者只能约定一次试用期。

以完成一定工作任务为期限的劳动合同或者劳动合同期限不满三个月的，不得约定试用期。

试用期包含在劳动合同期限内。劳动合同仅约定试用期的，试用期不成立，该期限为劳动合同期限。

4. 用人单位在试用期满前一天解雇劳动者的法律风险

【案情简介】

陈先生于 2018 年 3 月 2 日入职枇杷公司，担任销售专员。双方签订了 3 年的劳动合同，约定试用期为 2 个月。劳动合同上另外注明：试用期的销售目标为 20 万元，完不成则视为不符合录用条件。在试用期的第二个月，陈先生的业绩非常差，枇杷公司认为陈先生能力不足，于是在试用期届满前一天以陈先生不符合录用标准为由解雇了陈先生，但陈先生于两天后才收到解除通知，陈先生认为枇杷公司系违法解除劳动合同，于是向当地劳动人事争议仲裁委员会申请仲裁，请求枇杷公司支付违法解除劳动合同赔偿金。

【案情分析】

法律规定，用人单位对于试用期的规定不能超过法定最长期限。试用期届满后，用人单位不得再以试用期不符合录用条件为由解除劳动合同。一般而言，人力资源部门应最迟于试用期最后一天，向被批准转正的劳动者发出转正通知。如果用人单位没有任何异议，那么劳动者一般视为自动转正。

本案中，在试用期届满前一天，枇杷公司以陈先生不符合录用标准为由解除劳动关系，但是陈先生于试用期届满前一天并未收到解除通知，所以应视为陈先生已转为正式员工，故劳动人事争议仲裁委员会支持了陈先生的仲裁请求，裁决枇杷公司向陈先生支付违法解除劳动合同赔偿金。

【风险提示】

劳动者如果在试用期内不符合录用条件，用人单位可以解除劳动者，应在其试用期届满前将解除通知书送达劳动者，但要注意送达的时间和方式，最好确保劳动者在试用期届满前收到解除通知书，并知晓其内容。换言之，如果用人单位在使用邮寄的方式发出解除通知书，送到劳动者手里的时间应并未超过其试用期限，如果超过，用人单位很可能构成违法解除劳动关系。

此外也要注意工作交接的时间，如果需要劳动者进行工作交接的，应确保其工作交接的时间不能超过试用期期限，如果超过，其工作交接时间也有可能被认定为存在劳动关系，用人单位将构成违法解除劳动关系。

综上，人事部门如因劳动者在试用期内不符合录用条件而决定解除的，既要确保在试用期届满前有效送达解除劳动关系通知书，又要确保其工作交接时间不能超过试用期期限。当然，如果劳动者恶意拒绝交接，不在此讨论范围。

【相关法条】

《中华人民共和国合同劳动法》

第三十九条　劳动者有下列情形之一的，用人单位可以解除带动合同：

（一）在试用期间被证明不符合录用条件的；

…………

5. 新入职的劳动者不符合录用标准时，用人单位如何证明？

【案情简介】

王先生于 2017 年 9 月入职核桃广告公司，双方签订了为期 3 年的劳动合同，约定试用期为 3 个月。2017 年 12 月，核桃广告公司以王先生于试用期内不符合录用标准为由将其辞退。王先生不同意，认为是违法解除劳动合同，而核桃广告公司回复辞退王先生是有法律依据的，不算违法解除劳动合同。王先生遂提起劳动仲裁要求核桃广告公司支付违法解除劳动合同赔偿金，核桃广告公司为证明自己是合法解除劳动合同，向劳动人事争议仲裁委员会提交了"关于王先生试用期工作表现记录表"和其他同事的证人证言以证明王先生在试用期内与同事常有矛盾，不符合公司推崇的团结合作、吃苦耐劳的精神。那么核桃广告公司提交的这些证据能证明王先生在试用期内不符合录用条件吗？

【案情分析】

王先生于 2017 年 9 月入职核桃广告公司，12 月核桃广告公司以王先生试用期不符合录用标准为由解除劳动合同，为证明王先生不符合录用标准，核桃广告公司提交了"关于王先生试用期工作表现记录表"和其他同事的证人证言。用人单位在对劳动者进行录用考核时，首先，须将录用条件告知劳动者；其次，将考核结果告知劳动者；最后，如劳动者被证明不符合录用条件，用人单位可将考核结果通知该劳动者，并决定是否在试用期内解除劳动合同。核桃广告公司提交的材料欲证明王先生在试用期内与同事常有矛盾，不符合公司推崇的团结合作、吃苦耐劳的精神，但这些证据仅是核桃广告公司的主观性评价，不能证明王先生在试用期内不符合录用条件。

【风险提示】

用人单位在判断新入职的劳动者是否符合录用标准必须公正、客观、合理，不能仅凭主观因素认定。总的来说，在评断录用标准方面需要注意以下几点。

（1）明确录用条件。用人单位可将录用条件、录用标准详细列明，尽量做到明确化、具体化以及可操作性，但要与招聘条件相区别。

（2）录用条件事先公示。譬如在招聘信息、录用通知书、员工手册等写明，并送达相关劳动者。

（3）确保程序合法。根据录用条件得出的考核结果需在试用期满前作出，并让劳动者确认。

法律规定解雇不符合录用条件的劳动者，用人单位要对解雇事由承担举证责任。因此用人单位须依法办事，且全程留据，否则可能会构成违法解除劳动合同以致支付赔偿金。

【相关法条】

北京市高级人民法院、北京市劳动人事争议仲裁委员会《关于审理劳动争议案件法律适用问题的解答》

11. 用人单位依据《劳动合同法》第三十九条第一项的规定解除劳

动合同的，如何处理？

用人单位在录用劳动者时当向劳动者明确告知录用条件，用人单位在解除劳动合同时应当向劳动者说明理由及法律依据。

用人单位证明已向劳动者明确告知录用条件，并且提供证据证明劳动者在试用期间不符合录用条件的，可依照《劳动合同法》第三十九条第一项的规定解除劳动合同。

就劳动者是否符合录用条件的认定，在试用期的认定标准可适当低于试用期届满后的认定标准。劳动者不符合录用条件的情况主要有以下情形：（1）劳动者违反诚实信用原则对影响劳动合同履行的自身基本情况有隐瞒或虚构事实的，包括提供虚假学历证书、假身份证、假护照等个人重要证件；对履历、知识、技能、业绩、健康等个人情况说明与事实有重大出入的；（2）在试用期间存在工作失误的，对工作失误的认定以《劳动法》相关规定、用人单位规章制度以及双方合同约定内容为判断标准；（3）双方约定属于用人单位考核劳动者试用期不符合录用条件的其他情况。

6. 对于在试用期内的新劳动者，用人单位能否因经济性裁员解雇？

【案情简介】

李先生于 2021 年 10 月 11 日入职花豆有限公司，担任插花师一职。劳动合同约定试用期为 3 个月。2021 年 11 月 2 日，由于疫情原因，花豆有限公司发生严重生产经营困难，符合经济性裁员的情形，便于当日向李先生下发"经济性裁员通知书"解除双方劳动关系。李先生对此表示不服，要求花豆有限公司继续履行合同。双方产生争议，李先生向当地劳动人事争议仲裁委员会提起仲裁。

【案情分析】

"经济性裁员"是指用人单位一次性辞退部分劳动者，以此来改善其生产状况的一种手段，最终目的是保护用人单位自身在市场经济中的竞争力，从而渡过当下的难关。《劳动合同法》第 21 条规定："在试用期中，除劳动者有本法第三十九条和第四十条第一项、第二项规定的情形外，用人单位不得解除劳动合同。用人单位在试用期解除劳动合同的，应当向劳动者说明理由。"因此用人单位不能以"经济性裁员"解雇在试用期间的新员工。本案中，李先生正处于试用期以内，此时花豆有限公司以"经济性裁员"为由解除与李先生的劳动合同系违法的，李先生可以要求花豆有限公司继续履行劳动合同。

【风险提示】

用人单位以"经济性裁员"为由解雇试用期内的劳动者的做法属于违法解除劳动合同。违法解除劳动合同的，劳动者可主张经济赔偿金，或者要求用人单位继续履行劳动合同以及支付劳动争议仲裁或者诉讼期间的工资。

【相关法条】

《中华人民共和国劳动合同法》

第二十一条　在试用期中，除劳动者有本法第三十九条和第四十条第一项、第二项规定的情形外，用人单位不得解除劳动合同。用人单位在试用期解除劳动合同的，应当向劳动者说明理由。

第四十一条（第一款）　有下列情形之一，需要裁减人员二十人以上或者裁减不足二十人但占企业职工总数百分之十以上的，用人单位提前三十日向工会或者全体职工说明情况，听取工会或者职工的意见后，裁减人员方案经向劳动行政部门报告，可以裁减人员：

（一）依照企业破产法规定进行重整的；

（二）生产经营发生严重困难的；

（三）企业转产、重大技术革新或者经营方式调整，经变更劳动合同后，仍需裁减人员的；

（四）其他因劳动合同订立时所依据的客观经济情况发生重大变化，致使劳动合同无法履行的。

7. 用人单位与劳动者续订劳动合同时调整劳动者的工作岗位，是否可以约定试用期？

【案情简介】

胡先生于 2007 年 3 月 2 日入职板栗公司，担任销售专员。双方约定胡先生试用期为 3 个月，合同期限为 3 年，工资标准为底薪 5 000 元加提成。2010 年 3 月 1 日 3 年期限届满后胡先生与板栗公司续订 3 年劳动合同，此时因板栗公司内部调整，胡先生被调整为行政管理岗位，板栗公司表明由于工作岗位发生变化，因此重新规定试用期为 3 个月，工资按其正常工资标准的 80% 发放。胡先生认为板栗公司再次约定试用期的行为违法，要求板栗公司补足工资差额，2010 年 7 月向当地劳动人事争议仲裁委员会提起仲裁。

【案情分析】

胡先生与板栗公司第一次签订劳动合同时的工作岗位为销售专员，续订劳动合同时，板栗公司将胡先生的工作调整为行政管理岗位。法律规定同一单位与同一劳动者只能约定一次试用期，因此用人单位与劳动者续签劳动合同，劳动者的工作岗位发生变化，不能再次约定试用期。胡先生原来的岗位是销售，之后板栗公司将其调任行政管理岗，岗位发生了一定的变化。由于板栗公司之前已经与胡先生约定过一次试用期，因此再次与胡先生约定试用期的行为属于违法行为，工资按其正常工资的 80% 发放亦违法，劳动人事争议仲裁委员会支持了胡先生的请求，板栗公司应补足工资差额。

【风险提示】

同一用人单位与同一劳动者只能约定一次试用期，这意味着在同一用人单位和同一劳动者之间，在劳动关系建立或存续期间，无论劳动者工作岗位如何调动，用人单位也只能与同一劳动者约定一次试用期。用人单位在第一次与劳动者约定试用期时，需要结合岗位职责、劳动者面试表现及综合能力素质等因素综合考虑，将试用期时长设置在合理的范围之内，以维护劳动关系的稳定，节省用人单位的人力成本。

【相关法条】

《中华人民共和国劳动合同法》

第十九条　劳动合同期限三个月以上不满一年的，试用期不得超过一个月；劳动合同期限一年以上不满三年的，试用期不得超过二个月；三年以上固定期限和无固定期限的劳动合同，试用期不得超过六个月。

同一用人单位与同一劳动者只能约定一次试用期。

以完成一定工作任务为期限的劳动合同或者劳动合同期限不满三个月的，不得约定试用期。

试用期包含在劳动合同期限内。劳动合同仅约定试用期的，试用期不成立，该期限为劳动合同期限。

8. 离职劳动者再入职同一用人单位是否可以约定试用期？

【案情简介】

宋先生与榛子学院于 2016 年签订劳动合同，约定劳动合同期限为 2016 年 7 月 1 日至 2019 年 6 月 30 日，试用期为 3 个月，其职务为销售专员。后双方于 2017 年 11 月 30 日解除合同。2018 年 1 月 7 日，宋先生又重新入职榛子学院，双方签订劳动合同，劳动合同期限为 2018 年 1 月 9 日起至 2021 年 1 月 8 日止，试用期为 3 个月，试用期间的工资为正常工资的 80%。后因工资发放问题，宋先生向当地劳动人事争议仲裁委员会提出仲裁申请，要求榛子学院支付再次约定试用期期间的工资差额。

【案情分析】

宋先生于 2016 年 7 月 1 日入职榛子学院，试用期为 3 个月，并于 2017 年 11 月 30 日离职。2018 年 1 月 7 日再次入职榛子学院时，双方再次约定了试用期。法律规定，同一用人单位只能与同一劳动者约定一次试用期。用人单位只要与劳动者约定过试用期，之后劳动者离职后又重新入职的，用人单位不得再次约定试用期，否则用人单位可能违反法律的强制性规定。宋先生重新入职榛子学院时，榛子学院再次约定试用期，违反了法律的强制性规定，故劳动人事争议仲裁委员会支持了宋先生的仲裁请求。

【风险提示】

同一用人单位与同一劳动者只能约定一次试用期。同一用人单位对于已约定过试用期的劳动者，离职后重新入职该用人单位的，若用人单位再次与该劳动者约定试用期，则违反了法律的强制性规定，将承担相应的法律责任：违法约定试用期的，由劳动行政部门责令改正；违法约定的试用期已经履行的，由用人单位以劳动者试用期满月工资为标准，按已经履行的超过法定试用期的期间向劳动者支付赔偿金。但是如果劳动者在第一次入职时没有约定试用期，又再次入职的，用人单位可以与其约定试用期。

【相关法条】

《中华人民共和国劳动法》

第十九条　劳动合同期限三个月以上不满一年的，试用期不得超过一个月；劳动合同期限一年以上不满三年的，试用期不得超过二个月；三年以上固定期限和无固定期限的劳动合同，试用期不得超过六个月。

同一用人单位与同一劳动者只能约定一次试用期。

以完成一定工作任务为期限的劳动合同或者劳动合同期限不满三个

月的，不得约定试用期。

试用期包含在劳动合同期限内。劳动合同仅约定试用期的，试用期不成立，该期限为劳动合同期限。

第八十三条　用人单位违反本法规定与劳动者约定试用期的，由劳动行政部门责令改正；违法约定的试用期已经履行的，由用人单位以劳动者试用期满月工资为标准，按已经履行的超过法定试用期的期间向劳动者支付赔偿金。

三

在职篇

（一）劳动合同变更、终止

尊敬的 HR 朋友：

您好！

首先祝贺您公司目前岗位已经招满，但作为公司的资深 HR，您深知公司的人事管理琐碎而又重要，要时刻关注员工的状态，对员工的工作进行评估、考核。在这个月例行考核中，您发现有部分员工与其岗位并不匹配，认为其不能胜任工作，与领导沟通之后，打算调整这些员工的工作地点、工作岗位、工作内容，但变更、终止劳动合同的内容，您也知道会有风险。如果您想知道风险如何防控，就在本篇中找答案吧！

1. 用人单位在劳动合同存续期间能否单方面调整劳动者的工作岗位？

【案情简介】

张女士在入职腰果公司时劳动合同上写的岗位是人事部专员，但在工作了一段时间后，腰果公司因经济下行决定减少人事部的岗位，直接将张女士调到了销售部。张女士对于销售一窍不通，只想做人事工作，故对于腰果公司的调岗很不满意。

【案情分析】

张女士作为腰果公司人事专员，被腰果公司擅自调整岗位到了销售部。根据法律规定，用人单位一般情况下不能单方面调整劳动者的工作岗位。工作岗位属于劳动合同中的必要条款，对于工作岗位的变更属于对劳动合同的变更，需要由用人单位与劳动者进行协商，协商一致后可以书面变更劳动合同。若未达成一致，用人单位不能单方面变更劳动合同。

【风险提示】

用人单位与劳动者协商一致，可以变更工作岗位。工作岗位属于劳动合同中的必要条款，对于工作岗位的变更属于对劳动合同的变更，应当采用书面形式。未经协商不得单方变更工作岗位，但在以下法定情形下，用人单位可单方面决定变更。

（1）劳动者患病或者非因工负伤，在规定的医疗期满后不能从事原工作的，用人单位可以另行安排工作；

（2）劳动者不能胜任工作，可以安排培训或者调整工作岗位；

（3）劳动合同订立时所依据的客观情况发生重大变化，致使劳动合同无法履行，用人单位应与劳动者协商，变更劳动合同内容。

用人单位在变更劳动者的工作岗位时要合理合法使用上述可以调岗的法定情形，帮助用人单位更好地调配岗位，同时更要兼顾保障劳动者的合法权益。

【相关法条】

《中华人民共和国劳动合同法》

第三十五条　用人单位与劳动者协商一致，可以变更劳动合同约定的内容。变更劳动合同，应当采用书面形式。

变更后的劳动合同文本由用人单位和劳动者各执一份。

第四十条 有下列情形之一的，用人单位提前三十日以书面形式通知劳动者本人或者额外支付劳动者一个月工资后，可以解除劳动合同：

（一）劳动者患病或者非因工负伤，在规定的医疗期满后不能从事原工作，也不能从事由用人单位另行安排的工作的；

（二）劳动者不能胜任工作，经过培训或者调整工作岗位，仍不能胜任工作的；

（三）劳动合同订立时所依据的客观情况发生重大变化，致使劳动合同无法履行，经用人单位与劳动者协商，未能就变更劳动合同内容达成协议的。

2. 用人单位可以口头变更劳动合同吗?

【案情简介】

方先生于 2018 年博士毕业后即入职海棠药业公司从事药物研发工作，双方签订了为期 5 年的劳动合同，其中劳动合同约定海棠药业公司为方先生提供单人间宿舍和工作午餐。2020 年因疫情影响，海棠药业公司营业额骤减，为节约租房成本，海棠药业公司决定不再为具有博士学历的员工提供单人间宿舍，改为提供双人间宿舍，并将这一决定通知了相关员工。方先生按该通知要求搬到了双人间宿舍。两个月后，方先生因实在受不了室友晚上打呼噜，找到海棠药业公司要求按照劳动合同约定提供单人间宿舍。海棠药业公司表示，现在公司已没有多余房间，但可以调换宿舍。方先生对此不满。

【案情分析】

方先生入职海棠药业公司时的劳动合同约定公司为方先生提供单人间住宿，但之后海棠药业公司将方先生单人间宿舍换成双人间宿舍，这是口头变更劳动合同。按照《劳动法》的有关规定，用人单位与劳动者协商一致变更劳动合同，虽未采用书面形式，但已经实际履行了口头变更的劳动合同超过一个月，此变更有效。在海棠药业公司将方先生单人间宿舍换成双人间宿舍时，方先生并没有对此提出异议，而且其也按照公司安排搬到了双人间宿舍，这表明方先生认可海棠药业公司的决定，双方有达成协商一致的合意。两个月过后，方先生要求海棠药业公司按照劳动合同约定条件提供单人间宿舍，这时双方就变更住宿条件事宜虽没有采取书面形式，但实际履行口头变更已超过一个月，此变更有效，方先生要求海棠药业公司提供单人间住宿并无法律依据。

【风险提示】

用人单位与劳动者协商一致变更劳动合同，虽未采用书面形式，但已经实际履行了口头变更的劳动合同超过一个月，变更有效。对于该条法律的适用，因在变更时未采取书面形式，因此对变更劳动合同内容有限制。对此用人单位需要注意以下两点：（1）涉及如下重要事项的，仍建议采用书面形式，如工作时间、劳动报酬、岗位等；（2）口头变更的生效前提是用人单位与劳动者就变更合同协商一致且已经实际履行口头变更的劳动合同超过一个月。

综上，对于劳动合同最好的变更方式是采用书面方式，口头方式虽然也可以变更，但需要实际履行变更的合同超过一个月才有效，风险较大，未超过一个月的，仍要以原劳动合同为准。

【相关法条】

最高人民法院《关于审理劳动争议案件适用法律问题的解释（一）》

第四十三条 用人单位与劳动者协商一致变更劳动合同，虽未采用书面形式，但已经实际履行了口头变更的劳动合同超过一个月，变更后的劳动合同内容不违反法律、行政法规且不违背公序良俗，当事人以未采用书面形式为由主张劳动合同变更无效的，人民法院不予支持。

3. 用人单位在劳动合同存续期间能否单方面变更劳动者的工作地点?

【案情简介】

潘女士在罗汉果旅游公司工作,入职时劳动合同约定的工作地点在北京。工作一年后潘女士怀孕了,罗汉果旅游公司当即通知潘女士将工作地点更改为位于河北的分公司,潘女士原本的通勤时间是 1 个小时,现在变成了 6 个小时。潘女士不同意罗汉果旅游公司的安排,遂发生纠纷。

【案情分析】

潘女士在罗汉果旅游公司的原工作地点在北京,后罗汉果旅游公司通知潘女士的工作地点变更为河北分公司,使潘女士的通勤时间由原来的 1 个小时增加到现在的 6 个小时。用人单位可以合理地调整劳动者的工作地点,但同时还要考虑对劳动者生活的影响以及是否采取了合理的弥补措施。罗汉果旅游公司在变更潘女士的工作地点时不具有合理性,北京和河北两地相隔甚远,潘女士生活在北京,且已经怀孕,工作地点的变更对潘女士的生活影响较大,足以影响劳动合同的履行。

【风险提示】

用人单位在劳动合同存续期间变更工作地点最好与劳动者进行协商并签订书面的变更协议,如单方面变更工作地点要考虑其合理性,同时还要考虑对劳动者的生活影响以及是否采取了合理的弥补措施。变更工作地点不合理可能会导致劳动者解除劳动合同并要求用人单位支付经济补偿金。合理调整工作地点的情形比如同一大厦从三楼变更到五楼、两个工作地点距离较近,对生活影响不大等。

【相关法条】

《中华人民共和国劳动合同法》

第三十八条 用人单位有下列情形之一的,劳动者可以解除劳动合同。

（一）未按照劳动合同约定提供劳动保护或者劳动条件的；

……………

第四十六条　有下列情形之一的用人单位应当向劳动者支付经济补偿：

（一）劳动者依照本法第三十八条规定解除劳动合同的；

……………

北京市高级人民法院、北京市劳动人事争议仲裁委员会《关于审理劳动争议案件法律适用问题的解答》

6. 用人单位与劳动者在劳动合同中宽泛地约定工作地点是"全国"、"北京"等，用人单位在履行劳动合同过程中调整劳动者的工作地点，劳动者不同意，用人单位依据规章制度作出解除劳动合同决定是否支持？

用人单位与劳动者在劳动合同中宽泛地约定工作地点是"全国"、"北京"等，如无对用人单位经营模式、劳动者工作岗位特性等特别提示，属于对工作地点约定不明。劳动者在签订劳动合同后，已经在实际履行地点工作的，视为双方确定具体的工作地点。用人单位不得仅以工作地点约定为"全国"、"北京"为由，无正当理由变更劳动者的工作地点。

用人单位与劳动者在劳动合同中明确约定用人单位可以单方变更工作地点的，仍应对工作地点的变更进行合理性审查。具体审查时，除考虑对劳动者的生活影响外，还应考虑用人单位是否采取了合理的弥补措施（如提供交通补助、班车）等。

4. 用人单位将劳动者调往关联公司，劳动者的工作年限如何计算？

【案情简介】

曾先生就职于大地公司，已经工作了两年。大地公司因业务调整将曾先生调往子公司小天公司，曾先生在小天公司工作了两年后，小天公司又以业务调整为由将曾先生调往大地公司的关联公司大海公司。曾先生在大海公司工作了一年后，大海公司以曾先生不能胜任公司工作为由将其辞退。曾先生要求大海公司支付违法解除劳动合同赔偿金，双方在计算工作年限时产生了争议，曾先生向公司所在地的劳动人事争议仲裁委员会提起仲裁。

【案情分析】

根据法律规定，劳动者非因本人原因被安排到新用人单位工作，原用人单位未支付经济补偿的，工作年限应当合并计算。大地公司、小天公司均未向曾先生支付经济补偿金，故曾先生在大海公司的工作年限应当自曾先生入职大地公司起开始，包括其在小天公司和大海公司期间的工作年限在内合并计算。

【风险提示】

原用人单位将劳动者安排到其关联的新用人单位，未向劳动者支付经济补偿的，劳动者可以要求把在原用人单位的工作年限合并计算为在新用人单位的工作年限。如果用人单位欲通过变更劳动合同主体，用不同主体与劳动者签订劳动合同，以达到工作年限不连续，规避经济补偿，这种做法不可取。在用人单位业务调整，需要变更劳动合同主体时，最好与劳动者协商一致解除劳动合同，给予劳动者经济补偿，然后新用人单位再与劳动者签订书面劳动合同。

【相关法条】

最高人民法院《关于审理劳动争议案件适用法律问题的解释（一）》

第四十六条　劳动者非因本人原因从原用人单位被安排到新用人单位工作，原用人单位未支付经济补偿，劳动者依据劳动合同法第三十八条规定与新用人单位解除劳动合同，或者新用人单位向劳动者提出解除、终止劳动合同，在计算支付经济补偿或赔偿金的工作年限时，劳动者请求把在原用人单位的工作年限合并计算为新用人单位工作年限的，人民法院应予支持。

用人单位符合下列情形之一的，应当认定属于"劳动者非因本人原因从原用人单位被安排到新用人单位工作"：

（一）劳动者仍在原工作场所、工作岗位工作，劳动合同主体由原用人单位变更为新用人单位；

（二）用人单位以组织委派或任命形式对劳动者进行工作调动；

（三）因用人单位合并、分立等原因导致劳动者工作调动；

（四）用人单位及其关联企业与劳动者轮流订立劳动合同；

（五）其他合理情形。

5. 用人单位在辞退通知书中没有写明辞退理由及依据，事后补充辞退理由及依据，是否会被支持？

【案情简介】

香瓜公司为了拓展市场新招录了一批员工，由于项目紧急对于招录员工的资质没有进行审核，使得招录到的员工很多都不能胜任市场工作。香瓜公司便对这些不合格的新招录员工发放了辞退通知，但在辞退通知里并未写明辞退理由。等到劳动人事争议仲裁委员会联系香瓜公司时，香瓜公司急忙重新发放了一个补充通知，声明这些员工因不能胜任公司工作而被辞退。

【案情分析】

用人单位在辞退劳动者时，辞退通知书应说明辞退理由及依据，没有说明理由及依据的可能会被认定为违法解除劳动合同。在劳动仲裁或诉讼期间补充辞退理由或变更理由的，劳动人事争议仲裁委员会或法院一般不予认可，且劳动人事争议仲裁委员会或法院在审理过程中主要围绕解除劳动合同通知书中的理由及依据进行审理，举证责任在用人单位，举证不能则将承担败诉风险。

【风险提示】

用人单位在作出开除、除名、辞退、解除劳动合同等决定的，用人单位负举证责任。在审判实践中，劳动人事争议仲裁委员会和法院通常对于变更或追加的辞退理由不予认可，仍会以最初的辞退理由进行审理。因此，用人单位在解除劳动合同通知书中应明确写出解除理由及依据，不写或漏写都有可能对用人单位造成不利影响。即使用人单位确实存在合理的解除理由及依据，但若在解除劳动合同通知书中没有写明则可能承担被认定为违法解除的不利后果。

【相关法条】

最高人民法院《关于审理劳动争议案件适用法律问题的解释（一）》

第四十四条　因用人单位作出的开除、除名、辞退、解除劳动合同、减少劳动报酬、计算劳动者工作年限等决定而发生的劳动争议，用人单位负举证责任。

6. 用人单位因"末位淘汰制度"辞退劳动者的法律风险

【案情简介】

乔先生于 2017 年 5 月 27 日入职白兰瓜公司，任销售员。白兰瓜公司规定：一个月进行一次业绩排名考核，最后一名要被辞退。乔先生在本次业绩排名中不幸垫底，白兰瓜公司开具了解除劳动合同通知书。乔先生认为此制度不合理，遂向劳动人事争议仲裁委员会提起仲裁。

【案情分析】

乔先生在业绩考核中垫底，白兰瓜公司以公司规定每月业绩排名最后一名要被辞退为由辞退乔先生。法律规定，劳动者不能胜任工作，经过培训或者调整工作岗位，仍不能胜任工作的，用人单位提前 30 日以书面形式通知劳动者本人或者额外支付劳动者一个月工资，并支付经济补偿金后，可以解除劳动合同。用人单位解除劳动合同时需要有证据证明劳动者不能胜任工作，考核居于末位不等于不能胜任工作。即使乔先生不能胜任工作，白兰瓜公司也要对乔先生进行培训或调整工作岗位，如乔先生仍不能胜任工作，白兰瓜公司才可以提前 30 日以书面形式通知乔先生或者额外支付乔先生一个月工资后解除劳动合同，同时需要支付经济补偿金。

【风险提示】

所谓末位淘汰制度，就是用人单位自己制定一个考核标准，然后对劳动者进行考核，经过考核将排名相对靠后的劳动者予以淘汰的一种管理方法。该制度系"舶来品"，在国外对于末位的员工并不是进行辞退，而是进行换岗或者再培训，并不是只要末位就予以辞退。所以用人单位在使用末位淘汰制度的时候要特别注意，随意利用考核末位淘汰法可能会导致用人单位支付违法解除赔偿金。用人单位可以利用该制度，配合相应的考核标准，对于不能胜任工作的劳动者进行调岗或培训，如果调岗或培训后，劳动者仍不能胜任工作，用人单位可以解除劳动合同，但是于《劳动合同法》第 42 条规定的禁止解除劳动合同的法定情形，用人单位不得以末位淘汰为理由，解除劳动合同。

【相关法条】

《中华人民共和国劳动合同法》

第四十条　有下列情形之一的，用人单位提前三十日以书面形式通知劳动者本人或者额外支付劳动者一个月工资后，可以解除劳动合同：

（一）劳动者患病或者非因工负伤，在规定的医疗期满后不能从事原工作，也不能从事由用人单位另行安排的工作的；

（二）劳动者不能胜任工作，经过培训或者调整工作岗位，仍不能胜任工作的；

（三）劳动合同订立时所依据的客观情况发生重大变化，致使劳动合同无法履行，经用人单位与劳动者协商，未能就变更劳动合同内容达成协议的。

第四十二条　劳动者有下列情形之一的，用人单位不得依照本法第四十条、第四十一条的规定解除劳动合同：

（一）从事接触职业病危害作业的劳动者未进行离岗前职业健康检查，或者疑似职业病病人在诊断或者医学观察期间的；

（二）在本单位患职业病或者因工负伤并被确认丧失或者部分丧失劳动能力的；

（三）患病或者非因工负伤，在规定的医疗期内的；

（四）女职工在孕期、产期、哺乳期的；

（五）在本单位连续工作满十五年，且距法定退休年龄不足五年的；

（六）法律、行政法规规定的其他情形。

7. 用人单位制定的规章制度的内容违反法律法规的风险

【案情简介】

蓝莓公司的规章制度明确规定：禁止员工之间谈恋爱，违反者将被解除劳动关系。蓝莓公司员工罗先生与新来的员工贾女士一见钟情，在蓝莓公司谈起了办公室恋爱，虽然蓝莓公司明确禁止，但两人认为该规定严重侵犯了两人的恋爱自由。

【案情分析】

用人单位的规章制度不能违反法律规定，婚姻自由是每一个公民的权利，规章制度不得剥夺公民的这项基本权利。对于"办公室恋爱"用人单位不能单方面解除劳动合同，蓝莓公司规章制度中"禁止员工之间谈恋爱，违反者将被解除劳动关系"的规定不合法。

【风险提示】

用人单位在制定规章制度时要注意规章制度的内容，规章制度内容不要违反法律、法规的规定，避免损害劳动者合法权益。用人单位以"办公室恋爱"为由开除劳动者可能会导致向劳动者支付赔偿金的风险。如发现谈"办公室恋爱"的劳动者，可结合劳动者的具体岗位进行调岗，但调岗要考虑到调岗的必要性和合理性。用人单位的规章制度违反法律、法规的规定，损害劳动者权益的，劳动者可以单方面解除劳动合同，并要求用人单位支付经济补偿金。

【相关法条】

《中华人民共和国劳动合同法》

第三十八条　用人单位有下列情形之一的，劳动者可以解除劳动合同：

（一）未按照劳动合同约定提供劳动保护或者劳动条件的；

（二）未及时足额支付劳动报酬的；

（三）未依法为劳动者缴纳社会保险费的；

（四）用人单位的规章制度违反法律、法规的规定，损害劳动者权益的；

（五）因本法第二十六条第一款规定的情形致使劳动合同无效的；

（六）法律、行政法规规定劳动者可以解除劳动合同的其他情形。

用人单位以暴力、威胁或者非法限制人身自由的手段强迫劳动者劳动的，或者用人单位违章指挥、强令冒险作业危及劳动者人身安全的，劳动者可以立即解除劳动合同，不需事先告知用人单位。

8. 用人单位以劳动者存在过错为由解除劳动合同，但对过错内容举证不能的风险

【案情简介】

裴先生入职忍冬花电商公司，岗位为运营总监。一年后，忍冬花电商公司认为裴先生屡次违反公司管理制度，严重失职，营私舞弊（平台

运营数据造假），遂根据《劳动合同法》第 39 条第 2 款"严重违反用人单位的规章制度"和第 3 款"严重失职、营私舞弊，给用人单位造成损害……"，对裴先生予以辞退，并向全体员工发出关于裴先生处理意见的通知，附有平台运营数据造假截图。然而忍冬花电商公司没有对平台运营数据进行校对，就出具了解除劳动合同通知，内容为：裴先生，因你在工作期间严重失职，营私舞弊（平台运营数据造假），给公司造成损害，公司决定与你解除劳动合同。裴先生对此不服，认为现有证据根本不能证明自己数据造假，要求忍冬花电商公司赔偿违法解除劳动合同赔偿金。

【案情分析】

忍冬花电商公司在没有进行数据校对的情况下，即认定裴先生平台运营数据造假，并以此解除与其劳动合同。用人单位以劳动者存在过错为由解除劳动关系时，应对解除事由及依据负举证责任。本案中，虽然从形式上可以认定裴先生的行为符合了《劳动合同法》中用人单位可以解除劳动合同的情形，但从实质上分析，忍冬花电商公司缺乏关键性的证据认定裴先生行为符合该情形。因此，忍冬花电商公司在没有提供数据校对，不能证明裴先生存在数据造假的情况下贸然辞退裴先生，属于违法解除，需要支付违法解除劳动合同赔偿金。

【风险提示】

用人单位以劳动者存在过错为由解除劳动关系时，应对解除事由及依据负举证责任。证据要充分、客观，形式上要尽量留存书面证据。民事诉讼法中常用的举证责任分配为"谁主张，谁举证"，用人单位若没有关键性证据支持自己的主张，会使其陷入"举证不能"的境地，最终承担败诉的不利后果。实践中用人单位是受害方却因缺乏证据导致诉讼失利的情况时常发生，可见，缺乏证据会使用人单位在仲裁或诉讼中举步维艰。在此提醒用人单位，在没有充足证据证明劳动者存在过错的情况下，不能贸然与其解除劳动关系。

【相关法条】

《中华人民共和国劳动合同法》

第三十九条　劳动者有下列情形之一的，用人单位可以解除劳动合同：

（一）在试用期间被证明不符合录用条件的；

（二）严重违反用人单位的规章制度的；

（三）严重失职，营私舞弊，给用人单位造成重大损害的；

（四）劳动者同时与其他用人单位建立劳动关系，对完成本单位的工作任务造成严重影响，或者经用人单位提出，拒不改正的；

（五）因本法第二十六条第一款第一项规定的情形致使劳动合同无效的；

（六）被依法追究刑事责任的。

最高人民法院《关于适用〈中华人民共和国民事诉讼法〉的解释》

第九十条　当事人对自己提出的诉讼请求所依据的事实或者反驳对方诉讼请求所依据的事实，应当提供证据加以证明，但法律另有规定的除外。

在作出判决前，当事人未能提供证据或者证据不足以证明其事实主张的，由负有举证证明责任的当事人承担不利的后果。

9. 经济性裁员未满足法律规定的条件或未经法定程序，是否属于违法解除劳动合同？

【案情简介】

2018 年 8 月，龚先生入职黑枣公司。2020 年 3 月，受疫情影响，黑枣公司的营收大幅度下降。2020 年 6 月 10 日，黑枣公司在持续入不敷出的情况下难以为继，计划进行经济性裁员。6 月底，黑枣公司公布了裁员名单，包括龚先生在内的 35 名员工要被裁员。同日，黑枣公司在未听取工会意见以及未向劳动行政部门报告裁员方案的情况下，直接通知被裁人员明天不用来上班了。龚先生认为黑枣公司的裁员程序不合法，属于违法解除劳动合同，遂向劳动人事争议仲裁委员会提起仲裁，要求黑枣公司支付违法解除劳动合同赔偿金。

【案情分析】

根据法律规定，用人单位因生产经营发生严重困难需要裁减人员 20 人以上的，需提前 30 日向工会或者全体职工说明情况，听取工会或者职工的意见后，裁减人员方案经向劳动行政部门报告，可以裁减人员。黑枣公司裁减人员已达 35 人，但黑枣公司并未提前 30 日向工会或全体职工说明情况，并且也未向劳动行政部门报告裁员名单，不符合法律规定的程序，属于违法解除劳动合同。劳动人事争议仲裁委员会最终支持了龚先生的请求，裁决黑枣公司支付违法解除劳动合同赔偿金。

【风险提示】

经济性裁员是法律赋予用人单位的一柄"合法辞退"的"剑"，但这柄剑能够真正发挥作用须受到各种制约，即法律为保障劳动者权益，为经济性裁员设置了限制性规定，既包括对被裁减主体的限制，也包括对裁员程序的限制。主体限制方面：如对处于"三期"的女职工、连续工作 15 年并且距法定退休年龄不足 5 年的老职工等，是不适用经济性裁员的；程序限制方面：用人单位裁员 20 人以上或者裁减不足 20 人但占职工总数 10% 以上的，须提前 30 日向工会或者全体职工说明情况，听取工会或者职工的意见后，向劳动行政部门报告裁减人员方案等。用人单位采用经济性辞退的方式裁减人员，一是要符合法律规定的主体适用条件，二是要符合法律规定的程序，二者缺一不可。在此，需要建议用人单位，经济性裁员一定要符合法律规定的主体限制规定和程序规定，否则会面临被仲裁或诉讼的风险。

【相关法条】

《中华人民共和国劳动合同法》

第四十一条　有下列情形之一，需要裁减人员二十人以上或者裁减不足二十人但占企业职工总数百分之十以上的，用人单位提前三十日向工会或者全体职工说明情况，听取工会或者职工的意见后，裁减人员方案经向劳动行政部门报告，可以裁减人员：

（一）依照企业破产法规定进行重整的；

（二）生产经营发生严重困难的；

（三）企业转产、重大技术革新或者经营方式调整，经变更劳动合同后，仍需裁减人员的；

（四）其他因劳动合同订立时所依据的客观经济情况发生重大变化，致使劳动合同无法履行的。

裁减人员时，应当优先留用下列人员：

（一）与本单位订立较长期限的固定期限劳动合同的；

（二）与本单位订立无固定期限劳动合同的；

（三）家庭无其他就业人员，有需要扶养的老人或者未成年人的。

用人单位依照本条第一款规定裁减人员，在六个月内重新招用人员的，应当通知被裁减的人员，并在同等条件下优先招用被裁减的人员。

第四十二条　劳动者有下列情形之一的，用人单位不得依照本法第四十条、第四十一条的规定解除劳动合同：

（一）从事接触职业病危害作业的劳动者未进行离岗前职业健康检查，或者疑似职业病病人在诊断或者医学观察期间的；

（二）在本单位患职业病或者因工负伤并被确认丧失或者部分丧失劳动能力的；

（三）患病或者非因工负伤，在规定的医疗期内的；

（四）女职工在孕期、产期、哺乳期的；

（五）在本单位连续工作满十五年，且距法定退休年龄不足五年的；

（六）法律、行政法规规定的其他情形。

10. 用人单位依据《劳动合同法》第 40 条"劳动合同订立时所依据的客观情况发生重大变化"解除劳动合同的风险

【案情简介】

2017 年 6 月 16 日，高先生入职北京无花果公司，岗位为市场销售部经理，工作地点在外省 A 市。2019 年 8 月 26 日，北京无花果公司认为：今年以来，自身经营业绩下滑及高先生所在 A 市门店业绩下降，在采取措施、缩减成本情况下仍无法提升业绩、扭亏为盈，上述情形属于因订立劳动合同时所依据的客观情况发生重大变化，致使劳动合同无法履行，于是向高先生发出解除劳动合同通知书。后高先生向劳动人事争议仲裁委员会申请仲裁。

【案情分析】

北京无花果公司与高先生解除劳动关系的理由为"公司经营亏损，合同订立时所依据客观情况发生重大变化"，但是一般属于"劳动合同订立时所依据的客观情况发生重大变化"的情形包括：（1）地震、火灾、水灾等自然灾害形成的不可抗力；（2）受法律、法规、政策变化导致用人单位迁移、资产转移或者停产、转产、转（改）制等重大变化的；（3）特许经营性质的用人单位经营范围等发生变化的。现北京无花果公司称因自身经营业绩下滑导致亏损，但是经营状况和市场营收的变化属于正常经营风险，对此北京无花果公司应当有最基本的预见和判断，不能将此纳入"客观情况发生重大变化"的范围之中，故北京无花果公司因此解除与高先生的劳动合同属于违法解除。

【风险提示】

用人单位依据《劳动合同法》第 40 条"劳动合同订立时所依据的

客观情况发生重大变化"解除劳动关系时，一定要对客观情况发生重大变化有明确的理解，"劳动合同订立时所依据的客观情况发生重大变化"中的重大变化是指"无法预见的变化"，致使双方订立的劳动合同全部或者主要条款无法履行，或者若继续履行将出现成本过高等显失公平的状况，致使劳动合同目的难以实现。《劳动合同法》第40条是公司对于无过失员工予以辞退的法律依据，适用范围已由法律明文规定，用人单位不可私自扩大范围。

【相关法条】

劳动部《关于〈劳动法〉若干条文的说明》

第二十六条　有下列情形之一的，用人单位可以解除劳动合同，但是应当提前三十日以书面形式通知劳动者本人：

（一）劳动者患病或者非因工负伤，医疗期满后，不能从事原工作也不能从事由用人单位另行安排的工作的；

（二）劳动者不能胜任工作，经过培训或者调整工作岗位，仍不能胜任工作的；

（三）劳动合同订立时所依据的客观情况发生重大变化，致使原劳动合同无法履行，经当事人协商不能就变更劳动合同达成协议的。

本条第（一）项指劳动者医疗期满后，不能从事原工作的，由原用人单位另行安排适当工作之后，仍不能从事另行安排的工作的，可以解除劳动合同。

本条第（二）项中的"不能胜任工作"，是指不能按要求完成劳动合同中约定的任务或者同工种，同岗位人员的工作量。用人单位不得故意提高定额标准，使劳动者无法完成。

本条中的"客观情况"指：发生不可抗力或出现致使劳动合同全部或部分条款无法履行的其他情况，如企业迁移、被兼并、企业资产转移等，并且排除本法第二十七条所列的客观情况。

北京市高级人民法院、北京市劳动人事争议仲裁委员会《关于审理劳动争议案件法律适用问题的解答》

12. 哪些情形属于《劳动合同法》第四十条第三项规定的"劳动合同订立时所依据的客观情况发生重大变化"？

"劳动合同订立时所依据的客观情况发生重大变化"是指劳动合同订立后发生了用人单位和劳动者订立合同时无法预见的变化，致使双方订立的劳动合同全部或者主要条款无法履行，或者若继续履行将出现成本过高等显失公平的状况，致使劳动合同目的难以实现。

下列情形一般属于"劳动合同订立时所依据的客观情况发生重大变化"：（1）地震、火灾、水灾等自然灾害形成的不可抗力；（2）受法律、法规、政策变化导致用人单位迁移、资产转移或者停产、转产、转（改）制等重大变化的；（3）特许经营性质的用人单位经营范围等发生变化的。

11. 用人单位依据《公司法》第 146 条规定"高级管理人员禁止资格"与高级管理人员解除劳动合同的风险

【案情简介】

任先生于 2021 年年初入职北京白玉樱桃电子科技公司担任总经理。2021 年任先生在朋友的劝说和高额投资回报的诱惑下，用自己的全部存款与朋友合伙投资了一个"P2P"互联网金融平台。不料，该平台在一年后因涉嫌非法吸收公众存款而爆雷倒闭，任先生不仅投资款全部打了水漂，而且还因此背负了一笔不小的外债。此事被其任职的北京白玉樱桃电子科技公司知晓后，北京白玉樱桃电子科技公司认为，任先生作为公司的高管，一言一行都代表着公司，现在任先生欠债累累，很容易影响公司的信誉，于是根据《公司法》第 146 条第 5 项的规定，解除了与任先生的劳动合同。任先生认为"欠债是我的个人行为，并没有影响到正常工作，凭什么辞退我"？于是任先生向劳动人事争议仲裁委员会申请了仲裁，要求北京白玉樱桃电子科技公司支付违法解除劳动合同赔偿金。

【案情分析】

北京白玉樱桃电子科技公司以任先生背负高额债务违反《公司法》关于高级管理人员任职资格为由与其解除双方劳动关系，《公司法》第146条规定是关于高管的资格禁止，重点在于"资格"，任先生在有该146条规定情形的情况下不得任职高管，但并不代表任先生不能继续在北京白玉樱桃电子科技公司工作。任先生作为北京白玉樱桃电子科技公司的高管，不仅受《公司法》的限制，还要受《劳动合同法》的保护，北京白玉樱桃电子科技公司依据《公司法》解除双方劳动关系不属于《劳动合同法》的法定解除情形，故北京白玉樱桃电子科技公司解除与任先生的劳动合同系违法解除，应当支付违法解除劳动合同赔偿金。

【风险提示】

《公司法》第146条规定是关于高管的资格禁止，重点在于"资格"，即有该146条规定情形的员工不得任职高管，如员工在职期间有违反该资格规定的，用人单位可以解除其董事、监事、高级管理人员的职务，但并不代表劳动者不能继续在本单位工作。并且该条文明确规定："董事、监事、高级管理人员在任职期间出现本条第一款所列情形的，公司应当解除其职务。"可以看出，发生上述情形时并非要解除高管的员工资格，仅仅只是解除其高管职务，该员工仍可在用人单位工作。与高管解除劳动关系需要依据《劳动法》《劳动合同法》等相关法律法规，而不能依据《公司法》与其解除劳动关系。如果高管具备了《公司法》第146条规定的情形，用人单位可以安排调岗，如果调岗后仍不能胜任工作，用人单位可以与其解除劳动关系，但需提前30天通知或额外支付一个月工资，并支付经济补偿金。

【相关法条】

《中华人民共和国公司法》

第一百四十六条　有下列情形之一的，不得担任公司的董事、监事、高级管理人员：

（一）无民事行为能力或者限制民事行为能力；

（二）因贪污、贿赂、侵占财产、挪用财产或者破坏社会主义市场经济秩序，被判处刑罚，执行期满未逾五年，或者因犯罪被剥夺政治权利，执行期满未逾五年；

（三）担任破产清算的公司、企业的董事或者厂长、经理，对该公司、企业的破产负有个人责任的，自该公司、企业破产清算完结之日起未逾三年；

（四）担任因违法被吊销营业执照、责令关闭的公司、企业的法定代表人，并负有个人责任的，自该公司、企业被吊销营业执照之日起未逾三年；

（五）个人所负数额较大的债务到期未清偿。

公司违反前款规定选举、委派董事、监事或者聘任高级管理人员的，该选举、委派或者聘任无效。

董事、监事、高级管理人员在任职期间出现本条第一款所列情形的，公司应当解除其职务。

《中华人民共和国劳动合同法》

第四十条　有下列情形之一的，用人单位提前三十日以书面形式通知劳动者本人或者额外支付劳动者一个月工资后，可以解除劳动合同：

（一）劳动者患病或者非因工负伤，在规定的医疗期满后不能从事原工作，也不能从事由用人单位另行安排的工作的；

（二）劳动者不能胜任工作，经过培训或者调整工作岗位，仍不能胜任工作的；

（三）劳动合同订立时所依据的客观情况发生重大变化，致使劳动合同无法履行，经用人单位与劳动者协商，未能就变更劳动合同内容达成协议的。

12. 用人单位如何认定劳动者不能胜任工作岗位?

【案情简介】

范先生是今年的应届本科毕业生,在校园招聘的时候通过了沙果电商公司运营专员的岗位面试。毕业后,范先生进入沙果电商公司任职。范先生作为运营专员需要跟随项目进度,而电商直播经常要熬夜,所以范先生也难免经常熬夜。一段时间后,范先生明显感觉自己身体不适,于是向沙果电商公司提出了换岗的申请。沙果电商公司回复:"希望你能够克服一下自身的困难,与公司共进退。"范先生认为自己的身体已经不适合长期熬夜了,所以依旧申请了换岗。沙果电商公司认为,范先生已不能胜任运营专员岗位需求,遂辞退了范先生。范先生不服,认为劳动合同以及沙果电商公司章程中并没有明确规定运营专员的岗位要求,怎么能证明自己不能胜任呢?于是向劳动人事争议仲裁委员会申请了仲裁。

【案情分析】

用人单位想要证明劳动者不能胜任工作,首先需要有清晰的岗位职责,其次需要有量化的考核指标,再次需要有完善的考核流程,最后需将考核结果送达劳动者并经其确认。若没有清晰的岗位职责或可量化的考核指标,仅以"无法熬夜"作为认定劳动者不能胜任工作的标准,难以使劳动者信服,也不符合法律规定。

劳动者不能胜任工作,经过培训或者调整工作岗位,仍不能胜任工作的,用人单位才可以解除劳动合同,但需提前 30 天通知或额外支付一个月工资并支付经济补偿金。沙果电商公司不能证明范先生不能胜任该工作,其辞退行为属于违法解除,需要支付违法解除劳动合同赔偿金。

【风险提示】

用人单位想要证明劳动者不能胜任工作,首先需要有清晰的岗位职责，其次需要有量化的考核指标，再次需要有完善的考核流程，最后考核结果经劳动者确认。比如是否能胜任工作，可以从以下两个方面着手：（1）态度，是否准时上下班，是否经常无故请假等；（2）考核，分配的任务是否能够及时完成，指标是否能够达到，是否经常完不成任务等等。用人单位形成一套适合自身的考核体系是非常重要的。

需要强调的是，即使劳动者确实不能胜任工作，用人单位也要按照法律规定的流程解除劳动合同，否则将面临违法解除的风险。

【相关法条】

《中华人民共和国劳动合同法》

第四十条　有下列情形之一的，用人单位提前三十日以书面形式通知劳动者本人或者额外支付劳动者一个月工资后，可以解除劳动合同：

（一）劳动者患病或者非因工负伤，在规定的医疗期满后不能从事原工作，也不能从事由用人单位另行安排的工作的；

（二）劳动者不能胜任工作，经过培训或者调整工作岗位，仍不能胜任工作的；

（三）劳动合同订立时所依据的客观情况发生重大变化，致使劳动合同无法履行，经用人单位与劳动者协商，未能就变更劳动合同内容达成协议的。

13. 劳动者在哪些情形下可以随时解除劳动合同？

【案情简介】

钱先生于 2020 年 5 月入职开心果房产公司，职位为房产经纪人，约定工资由底薪＋提成＋年终奖构成。开心果房产公司规章制度规定，10 月—12 月的提成统一在年底最后一个月发放。钱先生在 2021 年 11 月成功售出两套一手房。在开心果房产公司年会上，老板通知全体员工："由于公司今年资金周转紧张，所以后三个月的提成和年终奖暂时无法发放。拟于明年 3 月份发放。"但直至 2022 年 5 月份，开心果房产公司承诺的提成和年终奖仍未发放。钱先生曾向开心果房产公司申请提成，开心果房产公司回复："你作为公司员工，关键时刻应该站在公司的角度上考虑问题，现在公司资金紧张的问题还没有解决，你再等等。"钱先生认为开心果房产公司资金紧张与否和自身工资发放并没有直接关系，钱先生以开心果房地产公司未足额支付工资为由向开心果房产公司发出解除劳动合同通知书，后钱先生申请劳动仲裁，要求开心果房产公司支付工资以及经济补偿金。

【案情分析】

钱先生应得的提成及年终奖属于钱先生的工资构成部分，公司通知全体员工提成和年终奖于 2022 年 3 月份发放，但是一直到 5 月份仍未发放。根据法律规定，用人单位未及时足额支付劳动报酬的，劳动者可以解除劳动合同并要求支付经济补偿金。开心果房产公司以资金紧张为由拒绝支付钱先生的劳动报酬无任何法律依据，钱先生可以解除劳动合同并要求开心果房产公司支付经济补偿金。

【风险提示】

《劳动合同法》第 38 条规定了劳动者可以随时解除劳动合同的情形，实践中最常见的包括用人单位未及时足额支付劳动报酬、未依法为劳动者缴纳社会保险费等。现实中劳动者遇到这种情况时并不会立刻离职，但不代表用人单位的这种行为合法或者默认生效，劳动者可能随时会以用人单位未及时支付报酬或未依法缴纳社保为由解除劳动关系，并要求支付经济补偿金。一旦劳动者通过劳动仲裁拿到补偿金，会在用人单位内部中形成示范，使用人单位陷入经常被劳动仲裁的境地。用人单位要及时对自身进行自检自查，防止此类情况发生。

【相关法条】

《中华人民共和国劳动合同法》

第三十八条　用人单位有下列情形之一的，劳动者可以解除劳动合同：

（一）未按照劳动合同约定提供劳动保护或者劳动条件的；

（二）未及时足额支付劳动报酬的；

（三）未依法为劳动者缴纳社会保险费的；

（四）用人单位的规章制度违反法律、法规的规定，损害劳动者权益的；

（五）因本法第二十六条第一款规定的情形致使劳动合同无效的；

（六）法律、行政法规规定劳动者可以解除劳动合同的其他情形。

用人单位以暴力、威胁或者非法限制人身自由的手段强迫劳动者劳动的，或者用人单位违章指挥、强令冒险作业危及劳动者人身安全的，劳动者可以立即解除劳动合同，不需事先告知用人单位。

国家统计局《关于工资总额组成的规定》

第四条　工资总额由下列六个部分组成：

（一）计时工资；

（二）计件工资；

（三）奖金；

（四）津贴和补贴；

（五）加班加点工资；

（六）特殊情况下支付的工资。

14. 劳动者违反法律规定解除劳动合同给用人单位造成损失，是否应当赔偿？

【案情简介】

苏先生于 2018 年入职黄皮果教育公司，劳动合同签订 5 年，岗位为辅导老师。2020 年年初，疫情暴发，学生被迫全部转至线上学习，黄皮果教育公司的业务量激增。为保证正常运营，黄皮果教育公司安排所有老师连续不断地排班上课，相对应地也给老师增加了课时费。在连续高压的工作环境下，苏先生认为黄皮果教育公司给的工资太低，不符合自己的工作量，于是向黄皮果教育公司申请加薪。在黄皮果教育公司表示拒绝后，苏先生遂向黄皮果教育公司发出了解除劳动合同的通知，且无任何交接。苏先生的突然离职导致黄皮果教育公司被很多学生家长投诉以及要求退费，给黄皮果教育公司造成了损失。黄皮果教育公司向劳动人事争议仲裁委员会提起仲裁，要求苏先生赔偿其给公司造成的损失。

【案情分析】

根据法律规定，劳动者提前 30 日以书面形式通知用人单位，可以解除劳动合同。劳动者违反法律规定解除劳动合同，给用人单位造成损失的，应当承担赔偿责任。苏先生在未提前通知黄皮果教育公司且未办理交接的情况下突然离职，导致黄皮果教育公司遭受退费损失，应当承担赔偿责任。

【风险提示】

劳动者违反法律规定解除劳动合同，给用人单位造成损失的，应当承担赔偿责任。但劳动者赔偿损失有两个前提条件：一是劳动者违反法律规定解除劳动合同。若劳动者的解除行为合法，即使造成了损失，劳动者一般也是不承担赔偿责任的。二是造成了用人单位的实际损失。这两个前提缺一不可，否则难以主张让劳动者承担赔偿责任。用人单位的人力资源部门要实时关注劳动者动态，若发现有离职意向的劳动者需及时沟通交流，便于掌握劳动者的真实状况，尽早消除劳动者突然离职可能给用人单位带来的隐患和损失，避免用人单位后续陷入费时费力的纠纷处理中。

【相关法条】

《中华人民共和国劳动合同法》

第三十七条 劳动者提前三十日以书面形式通知用人单位，可以解除劳动合同。劳动者在试用期内提前三日通知用人单位，可以解除劳动合同。

第九十条 劳动者违反本法规定解除劳动合同，或者违反劳动合同中约定的保密义务或者竞业限制，给用人单位造成损失的，应当承担赔偿责任。

（二）保密协议和竞业限制协议

尊敬的 HR 朋友：

您好！

这周一上班，领导兴奋地跟您讲：由于公司技术部门攻克了一个难题，公司的产品更新迭代，需要对公司的部分员工进行一个专项培训。作为专业的 HR，您肯定了解专项培训的含义，但您知道专项技术培训与员工的普通培训有哪些区别吗？需要注意哪些风险？特别是涉及公司的新技术，需要与相关人员签订保密协议，同时还要防止竞争单位挖人，给公司造成经济损失，您应该如何处理？如今我们为您准备了常见且完备的保密与竞业限制的篇章，静等您的审阅。

1. 用人单位如何与劳动者约定竞业限制范围？

【案情简介】

2018 年高先生入职海枣科技公司，担任前端开发工程师一职。入职后高先生一直兢兢业业，并凭借出色的工作技能在 2020 年成为前端开发经理。同年，海枣科技公司与高先生签订了竞业限制协议，约定高先生在任职期间和离职后两年内不得与与海枣科技公司有竞争关系的其他用人单位建立劳动关系。高先生因想去更大的平台发展，于是在 2022 年离职，并进入蜜枣科技公司。两个月后，海枣科技公司认为高先生入职的蜜枣科技公司与海枣科技公司的子公司存在竞争关系，违反了竞业限制协议，要求高先生支付违约金。高先生则认为自己现任职的蜜枣科技公司与海枣科技公司并无竞争关系，没有违反竞业限制协议。

【案情分析】

高先生与海枣科技公司建立劳动关系的时间是 2018 年至 2022 年，在这期间签订的竞业限制协议对双方均有约束力。协议中约定高先生在任职期间和离职后两年内不得与有竞争关系的其他用人单位建立劳动关系，其中"与有竞争关系的其他用人单位"应被理解为与海枣科技公司有竞争关系的用人单位，并不包括海枣科技公司的子公司，因此高先生并未违反竞业限制协议，无须支付违约金。

【风险提示】

《劳动合同法》中规定了用人单位可以与劳动者约定竞业限制，但是对竞业限制的范围和地域均未规定，需要用人单位与劳动者协商。在实践中有的用人单位会直接引用《劳动合同法》中有关条款，导致劳动者离职后在竞争对手关联公司就业或以近亲属的名义设立企业，经营同类业务，保密、竞业限制条款就起不到限制竞业的目的，用人单位追究劳动者违反竞业限制责任，很可能承担败诉风险。因此，用人单位在确定竞业范围时可以考虑用人单位的经营范围和相关行业的发展情况，扩大竞业限制的范围，如涵盖本用人单位关联公司或竞争对手的关联公司，同时也可列明竞争对手的名称。

【相关法条】

《中华人民共和国劳动合同法》

第二十四条（第二款）　在解除或者终止劳动合同后，前款规定的人员到与本单位生产或者经营同类产品、从事同类业务的有竞争关系的其他用人单位，或者自己开业生产或者经营同类产品、从事同类业务的竞业限制期限，不得超过二年。

2. 用人单位是否可以与全体劳动者签订竞业限制协议？

【案情简介】

郝先生入职油桃物流公司，担任货车司机，双方签订了劳动合同和竞业限制协议。后郝先生离职，随即进入另一家黄桃物流公司工作。3个月后，油桃物流公司告知郝先生违反了竞业限制协议，要求郝先生支付违约金。

【案情分析】

郝先生在油桃物流公司任货车司机时，油桃物流公司与郝先生订立了竞业限制协议。但油桃物流公司并未意识到《劳动合同法》对竞业限制的人员是有规定的，即竞业限制的人员为用人单位的高级管理人员、高级技术人员和其他负有保密义务的人员。郝先生属于普通员工，没有掌握公司的商业秘密，不负保密义务，因此油桃物流公司不能要求郝先生履行竞业限制协议，郝先生也无须支付违约金。

【风险提示】

《劳动合同法》第 24 条规定，竞业限制的人员包括用人单位的高级管理人员、高级技术人员和其他负有保密义务的人员。其中最难判定的是"其他负有保密义务的人员"，因此实践中往往有用人单位与全体劳动者都签订竞业限制协议。这种对所有劳动者都订立竞业限制协议，尤其是对没有掌握商业秘密的一般劳动者，在司法实践中往往得不到支持。对于是否需要订立竞业限制协议，需要用人单位明确判断，若仅为普通劳动者，而且也没有接触保密信息的机会，无须订立竞业限制协议。因为订立竞业限制协议后，需要支付一定的经济补偿金，有选择性地与劳动者签订竞业限制协议，既能避免增加用人单位的财力负担，同时在管理上也更为便捷。

【相关法条】

《中华人民共和国劳动合同法》

第二十四条（第一款）　竞业限制的人员限于用人单位的高级管理人员、高级技术人员和其他负有保密义务的人员。竞业限制的范围、地域、期限由用人单位与劳动者约定，竞业限制的约定不得违反法律、法规的规定。

3. 用人单位与劳动者约定竞业限制期限是否可以超过两年？

【案情简介】

2012 年黄先生入职了蜜柑科技公司，任职前端开发工作，双方签订了劳动合同和竞业限制协议，竞业协议约定黄先生在离职后 3 年内不得为与本公司经营同类业务范围的其他公司提供任何劳动。后黄先生于 2015 年 1 月离职，2017 年 5 月进入甜橙科技公司工作，蜜柑科技公司与甜橙科技公司经营同类产品。2017 年 8 月，蜜柑科技公司发现了黄先生这一行为，要求黄先生支付违反竞业限制协议的违约金。

【案情分析】

《劳动合同法》规定，竞业限制期限不得超过 2 年。蜜柑科技公司与黄先生约定了竞业限制期限为 3 年，违反了《劳动合同法》强制性规定，应当视为双方之间关于竞业限制的时间为 2 年，超出 2 年期限部分无效。黄先生于 2017 年 5 月入职新公司甜橙科技公司，而蜜柑科技公司和黄先生之间的竞业限制期限在 2017 年 1 月已经到期，因此黄先生没有违反竞业限制协议，无须支付违约金。

【风险提示】

根据《劳动合同法》的规定，竞业限制期限最长为 2 年，而且在竞业限制期限内应按月给予劳动者经济补偿。实践中，不乏用人单位约定竞业限制期限超出 2 年的情形，这不仅会面临超出期限无效，而且还可能额外支付劳动者一笔补偿金，就算用人单位可以追回已经支付的竞业限制补偿金，但也要消耗大量的精力。其实，竞业限制期限并不是越长越好，期限越长，用人单位的财力负担越重。用人单位应当综合考量劳动者所掌握的保密信息程度、竞争对手情况，据此约定竞业限制期限，达到既能节约单位成本又能保障其商业秘密的目的。

【相关法条】

《中华人民共和国劳动合同法》

第二十三条　用人单位与劳动者可以在劳动合同中约定保守用人单位的商业秘密和与知识产权相关的保密事项。

对负有保密义务的劳动者，用人单位可以在劳动合同或者保密协议中与劳动者约定竞业限制条款，并约定在解除或者终止劳动合同后，在竞业限制期限内按月给予劳动者经济补偿。劳动者违反竞业限制约定的，应当按照约定向用人单位支付违约金。

第二十四条（第二款）　在解除或者终止劳动合同后，前款规定的人员到与本单位生产或者经营同类产品、从事同类业务的有竞争关系的其他用人单位，或者自己开业生产或者经营同类产品、从事同类业务的竞业限制期限，不得超过二年。

4. 用人单位与劳动者在竞业限制期限内，是否可以任意解除竞业限制协议？

【案情简介】

2012 年魏先生入职了雪梨科技公司，任职前端开发工作，双方签订了劳动合同和竞业限制协议，竞业限制协议约定魏先生在离职后 2 年内不得为与雪梨科技公司经营同类业务范围的其他公司提供任何劳动。后魏先生于 2015 年 1 月离职，离职后为履行竞业限制协议，魏先生并未进入新公司，而是选择凭借自己的专业技能在 B 站做起了学习 UP 主，分享相关技术问题。2015 年 8 月，魏先生发现雪梨科技公司已经 4 个月未支付竞业限制补偿金，于是要求雪梨科技公司支付，但雪梨科技公司表示近来经营状况不好，提出解除竞业限制协议。

【案情分析】

魏先生在雪梨科技公司工作时，双方签订了竞业限制协议。魏先生于 2015 年 1 月离职，双方应履行竞业限制协议条款，但雪梨科技公司在竞业限制期限内不仅拒绝支付补偿金还要求解除竞业限制协议。根据法律规定，用人单位有单方面行使解除竞业限制协议的权利，但是劳动者可以要求用人单位额外支付 3 个月的竞业限制经济补偿。因此雪梨科技公司有权在竞业限制期内解除与魏先生的竞业限制协议，但应额外支付 3 个月的竞业限制经济补偿。

【风险提示】

法律赋予了用人单位单方面解除竞业限制协议的权利，但是解除时需要额外支付 3 个月的经济补偿。在实践中，用人单位决定解除竞业限制时一般可以从以下两个方面考量：一是用人单位可以追踪劳动者离职后的就业情况，如果劳动者就业的新工作单位与原用人单位不存在竞争情形，那么原用人单位可以考虑解除与劳动者的竞业限制协议；二是如果原用人单位的保密信息不再具有保密价值或已经被公开，此时也就无须履行竞业限制条款，自然也可以解除相关的竞业限制协议。

【相关法条】

最高人民法院《关于审理劳动争议案件适用法律问题的解释（一）》

第三十九条　在竞业限制期限内，用人单位请求解除竞业限制协议的，人民法院应予支持。

在解除竞业限制协议时，劳动者请求用人单位额外支付劳动者三个月的竞业限制经济补偿的，人民法院应予支持。

5. 用人单位在规章制度中规定竞业限制条款，是否对劳动者产生约束？

【案情简介】

2012年孙先生入职了杨梅公司，任职前端开发工作，双方签订了劳动合同。杨梅公司制定的规章制度中规定了竞业限制条款，即员工在任职期间和离职后2年内不得为与杨梅公司经营同类业务范围的其他公司提供任何劳动。离职后，孙先生在网上为其他公司提供外包服务，其中就包括与杨梅公司拥有同类经营产品的树莓公司。杨梅公司发现了孙先生这一行为，要求孙先生支付违反竞业限制条款的违约金。

【案情分析】

竞业限制的对象、范围、地点等事项因劳动者的个体差异而不同，在其适用上具有专门性和独特性，因此竞业限制协议应该由用人单位与劳动者单独签订。制定规章制度及劳动生产纪律主要是用人单位单方面的行为，对用人单位的全体员工生效，具有适用上的普遍性。再者法律规定，对负有保密义务的劳动者，用人单位可以在劳动合同或者保密协议中与劳动者约定竞业限制条款，也就是说竞业限制是基于用人单位与劳动者的约定产生的，没有约定则劳动者无须承担竞业限制义务。杨梅公司与孙先生签订的劳动合同对竞业限制没有约定，也没有专门签订任何与竞业限制有关的协议，所以杨梅公司通过公司规章制度的方式规定竞业限制对孙先生没有约束力，关于孙先生应当承担竞业限制义务的主张也于法无据。

【风险提示】

竞业限制是指用人单位与负有保守秘密义务的劳动者通过协商约

定，在职期间和离职后一段时间内不得从事与本单位有竞争关系的业务，用人单位按月给予劳动者经济补偿。从定义中可以看出，离职后竞业限制需要用人单位与劳动者协商达成合意，用人单位不能单方面强制规定。用人单位的规章制度是由用人单位事先制定，对全体劳动者生效，劳动者在入职时也只能表示接受，否则将不能建立劳动关系。因此在用人单位规章制度中规定竞业限制条款，缺乏竞业限制达成合意的基础，对劳动者不公平，自然也不能要求劳动者承担竞业限制的违约责任。据此，提醒用人单位若要保护好自身的商业秘密，最好与劳动者单独签订竞业限制协议。

【相关法条】

《中华人民共和国劳动合同法》

第二十三条　用人单位与劳动者可以在劳动合同中约定保守用人单位的商业秘密和与知识产权相关的保密事项。

对负有保密义务的劳动者，用人单位可以在劳动合同或者保密协议中与劳动者约定竞业限制条款，并约定在解除或者终止劳动合同后，在竞业限制期限内按月给予劳动者经济补偿。劳动者违反竞业限制约定的，应当按照约定向用人单位支付违约金。

6. 用人单位与劳动者约定的竞业限制经济补偿是否可以低于劳动合同履行地的最低工资标准？

【案情简介】

2018 年 3 月 18 日，李先生进入北京市海淀区的龙眼宠物医院工作，当日即签订了劳动合同和竞业限制协议。劳动合同约定李先生每月工资 5 000 元，竞业限制协议约定：李先生同意在龙眼宠物医院任职期间以及雇佣关系结束后，两年内不直接或间接为海淀区内其他宠物医院提供任何劳动。在竞业限制期内，龙眼宠物医院应支付其每月月工资的 20%

作为履行协议的补偿。2020年5月9日李先生离职后，为遵守竞业协议规定，进入朝阳区桂圆宠物医院工作。开始5个月内，龙眼宠物医院能每月支付补偿，此后一直拖欠。李先生要求支付未果后，向劳动人事争议仲裁委员会提起仲裁，要求龙眼宠物医院按北京市最低工资标准支付补偿。

【案情分析】

李先生在入职龙眼宠物医院工作时双方签订的竞业限制协议约定龙眼宠物医院每月支付月工资的20％（1 000元）作为履行协议的经济补偿。法律规定，用人单位与劳动者在劳动合同或保密协议中约定了竞业限制，但未约定解除或终止劳动合同后给予劳动者经济补偿，劳动者履行了竞业限制义务，可以要求用人单位按照劳动者在劳动合同解除或者终止前12个月平均工资的30％按月支付经济补偿，月平均工资的30％低于劳动合同履行地最低工资标准的，按照劳动合同履行地最低工资标准支付。

龙眼宠物医院与李先生签订的竞业限制协议对双方均具有约束力。在双方劳动关系解除后，李先生并未违反竞业限制协议，故龙眼宠物医院应按照该协议的约定向李先生支付竞业限制补偿金。竞业限制协议明确约定龙眼宠物医院以1 000元的标准向李先生支付竞业限制经济补偿，但因该标准已低于当时北京市2 200元最低工资标准，故龙眼宠物医院应按照2 200元的标准支付李先生在履行竞业限制期内的补偿金。

【风险提示】

劳动者在履行竞业限制协议时，用人单位给予劳动者经济补偿是因为劳动者承担竞业限制义务会对其自由择业权有一定影响，为了弥补这部分影响而做的补偿。法律对于经济补偿金明确规定不能低于劳动合同履行地的最低工资标准，因此最低工资标准也是强制性的最低标准。用人单位需要特别注意，在竞业限制协议中约定的经济补偿金不能低于劳动合同履行地的最低工资标准。

【相关法条】

最高人民法院《关于审理劳动争议案件适用法律问题的解释（一）》

第三十六条　当事人在劳动合同或者保密协议中约定了竞业限制，但未约定解除或者终止劳动合同后给予劳动者经济补偿，劳动者履行了竞业限制义务，要求用人单位按照劳动者在劳动合同解除或者终止前十二个月平均工资的 30% 按月支付经济补偿的，人民法院应予支持。

前款规定的月平均工资的 30% 低于劳动合同履行地最低工资标准的，按照劳动合同履行地最低工资标准支付。

7. 劳动者违反竞业限制义务，用人单位是否可依约要求劳动者返还已支付的经济补偿？

【案情简介】

2018 年吴先生入职猕猴桃公司，担任前端开发工程师一职。入职后吴先生一直兢兢业业，并凭借出色的工作技能在 2020 年成为前端开发经理。同年，猕猴桃公司与吴先生签订了竞业限制合同，其中约定如吴先生违反竞业限制义务，应当承担违约责任，并返还猕猴桃公司已经支付的所有经济补偿。2021 年 5 月 23 日，双方解除了劳动合同，猕猴桃公司要求吴先生自离职起即履行竞业限制合同，期限为 2 年。2022 年 8 月，吴先生进入大台芒公司工作。2021 年 8 月、9 月，猕猴桃公司要求吴先生提交竞业限制汇报表，吴先生均未回复。同年 11 月，猕猴桃公司得知吴先生进入大台芒公司，因大台芒公司与猕猴桃公司部分业务相同，遂以吴先生违反竞业限制义务为由要求吴先生返还已支付的经济补偿并承担违约责任。

【案情分析】

根据法律规定，对负有保密义务的劳动者，用人单位可以在劳动合同或者保密协议中与劳动者约定竞业限制条款，约定在解除或者终止劳动合同后，在竞业限制期限内按月给予劳动者经济补偿，并约定劳动者违反竞业限制约定时承担违约责任。

鉴于猕猴桃公司与吴先生就违反竞业限制所应承担的责任作出了明确约定，即返还已支付的经济补偿并承担违约责任，且猕猴桃公司按照约定标准向吴先生实际支付了竞业限制经济补偿，吴先生应按照协议规定履行相应的义务。但吴先生离职后入职大台芒公司，且大台芒公司与猕猴桃公司部分业务相同，因此吴先生明显违反了竞业限制义务，其应当依约向猕猴桃公司返还竞业限制补偿金并支付违反竞业限制义务的违约金。

【风险提示】

《劳动合同法》第23条第2款规定，对负有保密义务的劳动者，用人单位可以在劳动合同或者保密协议中与劳动者约定竞业限制条款，约定在解除或者终止劳动合同后，用人单位在竞业限制期限内按月给予劳动者经济补偿。可以看出用人单位支付劳动者经济补偿的目的是要求劳动者履行或遵守相应的竞业限制条款，劳动者的竞业限制义务与用人单位的经济补偿是对待给付关系。因此，用人单位对于负有保密义务的劳动者可以与其约定竞业限制条款，并可同时约定如果劳动者违反竞业限制义务，需要返还已支付的经济补偿。

【相关法条】

《中华人民共和国劳动合同法》

第二十三条 用人单位与劳动者可以在劳动合同中约定保守用人单位的商业秘密和与知识产权相关的保密事项。

对负有保密义务的劳动者，用人单位可以在劳动合同或者保密协议中与劳动者约定竞业限制条款，并约定在解除或者终止劳动合同后，在竞业限制期限内按月给予劳动者经济补偿。劳动者违反竞业限制约定的，应当按照约定向用人单位支付违约金。

8. 原用人单位可否要求新用人单位与劳动者共同承担劳动者违反竞业限制义务的违约责任？

【案情简介】

2018 年郑先生入职圣女果科技公司，担任前端开发工程师一职。入职后郑先生一直兢兢业业，并凭借出色的工作技能在 2020 年已成为前端开发经理。同年，圣女果科技公司与郑先生签订了竞业限制合同。2021 年 5 月 23 日，双方解除了劳动合同，圣女果科技公司要求郑先生自离职起即履行竞业限制合同，期限为 2 年。2022 年 8 月，郑先生进入小番茄科技公司工作。2021 年 8 月、9 月，圣女果科技公司要求郑先生提交竞业限制汇报表，郑先生均未回复。同年 11 月，圣女果科技公司得知郑先生进入小番茄科技公司，因小番茄科技公司与圣女果科技公司部分业务相同，便要求郑先生与小番茄科技公司共同承担违反竞业限制义务的违约责任。

【案情分析】

根据法律规定，竞业限制条款由用人单位和劳动者协商约定，协议的相对方自然也是用人单位和劳动者，若劳动者违反了竞业限制义务，应当基于双方协议承担违约责任。小番茄科技公司作为郑先生的新用人单位，并非郑先生与原用人单位圣女果科技公司之间竞业限制协议的订约方，基于合同相对性原则，小番茄科技公司无须承担郑先生违反竞业限制义务的违约责任。

【风险提示】

虽然新用人单位不用与劳动者共同承担违反竞业限制义务的违约责任，但并不代表新用人单位并无任何承担责任的可能。如果新用人单位招用负有竞业限制义务的劳动者，并且有实施侵犯原单位商业秘密的行为，则原用人单位可以要求劳动者和新用人单位就侵犯商业秘密共同承担侵权责任。

【相关法条】

《中华人民共和国劳动合同法》

第二十三条（第二款）　对负有保密义务的劳动者，用人单位可以在劳动合同或者保密协议中与劳动者约定竞业限制条款，并约定在解除或者终止劳动合同后，在竞业限制期限内按月给予劳动者经济补偿。劳动者违反竞业限制约定的，应当按照约定向用人单位支付违约金。

《中华人民共和国反不正当竞争法》

第九条　经营者不得实施下列侵犯商业秘密的行为：

（一）以盗窃、贿赂、欺诈、胁迫、电子侵入或者其他不正当手段获取权利人的商业秘密；

（二）披露、使用或者允许他人使用以前项手段获取的权利人的商业秘密；

（三）违反保密义务或者违反权利人有关保守商业秘密的要求，披露、使用或者允许他人使用其所掌握的商业秘密；

（四）教唆、引诱、帮助他人违反保密义务或者违反权利人有关保守商业秘密的要求，获取、披露、使用或者允许他人使用权利人的商业秘密。

经营者以外的其他自然人、法人和非法人组织实施前款所列违法行为的，视为侵犯商业秘密。

第三人明知或者应知商业秘密权利人的员工、前员工或者其他单位、个人实施本条第一款所列违法行为，仍获取、披露、使用或者允许他人使用该商业秘密的，视为侵犯商业秘密。

本法所称的商业秘密，是指不为公众所知悉、具有商业价值并经权利人采取相应保密措施的技术信息、经营信息等商业信息。

9. 用人单位与劳动者约定竞业限制的经济补偿于在职期间支付，离职后不再支付，此种约定是否有效？

【案情简介】

2018 年 1 月 23 日万先生入职灯笼果公司，担任项目经理一职。当日即签订了劳动合同，其中第 7 条约定：万先生每月固定薪资 10 000 元，竞业限制补偿金 3 500 元，总额 13 500 元，于次月 15 日前发放。第 39 条约定：本合同解除后一年内，万先生不得从事与灯笼果公司业务形成竞争的工作，也不得在与灯笼果公司业务同类的其他单位任职，否则万先生应双倍返还灯笼果公司支付给万先生的竞业限制补偿金。在这两个条款上灯笼果公司盖了公章，万先生签了名。2020 年 12 月 28 日万先生因个人原因离开灯笼果公司。2021 年年初万先生入职菇凉果公司，担任营业经理，负责公司内部运营。2021 年 8 月，灯笼果公司发现菇凉果公司与其经营业务相同，便要求万先生支付违反竞业限制条款的违约金。而万先生却以双方并未签订竞业限制协议，竞业限制补偿金不能包含在工资中发放为由拒绝。

【案情分析】

用人单位与劳动者可以在劳动合同中约定保守用人单位的商业秘密和与知识产权相关的保密事项。对负有保密义务的劳动者，用人单位可以在劳动合同或者保密协议中与劳动者约定竞业限制条款。在本案中，灯笼果公司公司虽未与万先生签订专门的竞业限制协议，但双方在劳动合同中已约定了竞业限制条款、竞业限制补偿费的支付时间，万先生当时也均签字确认，故竞业限制义务的设定清楚、明确，是双方真实意思表示，且不违反法律的规定，应当依法认定双方之间存在合法有效的竞业限制约定。而且万先生在职期间，灯笼果公司也按时向万先生发放了竞业限制补偿款，万先生应当履行竞业限制义务。而在万先生离职后，并未遵守与灯笼果公司之间的竞业限制约定，应当向灯笼果公司支付违反竞业限制义务的违约金。

【风险提示】

竞业限制补偿是劳动者离职后履行竞业限制义务而支付的补偿。至于竞业限制补偿金的支付时间，法律虽并未禁止预先于劳动者在职期内支付的做法，但为了保险，用人单位最好在劳动者离职后的竞业限制期内支付。因为，在劳动者离职时用人单位才好准确判断是否需要劳动者在离职后履行竞业限制义务，以及是否支付竞业限制补偿金。若用人单位出于自身考量确需预先支付竞业限制补偿金，则应约定清楚明晰以区分竞业限制补偿金和工资的性质，最好有双方当事人的专门签字确认，在随工资发放竞业限制补偿金时也应在工资清单中单列此项目并让劳动者签字。

【相关法条】

《中华人民共和国劳动合同法》

第二十三条　用人单位与劳动者可以在劳动合同中约定保守用人单位的商业秘密和与知识产权相关的保密事项。

对负有保密义务的劳动者，用人单位可以在劳动合同或者保密协议中与劳动者约定竞业限制条款，并约定在解除或者终止劳动合同后，在竞业限制期限内按月给予劳动者经济补偿。劳动者违反竞业限制约定的，应当按照约定向用人单位支付违约金。

10. 用人单位可要求违反竞业限制义务的劳动者承担的责任有哪些？

【案情简介】

2018 年沈先生入职大呱公司，担任前端开发工程师一职。入职后沈先生一直兢兢业业，并凭借出色的工作技能在 2020 年已成为前端开发经理。同年，大呱公司与沈先生签订了竞业限制合同。2021 年 5 月 23 日，双方解除了劳动合同，大呱公司要求沈先生自离职起即履行竞业限制合同，期限为 2 年。2022 年 8 月，沈先生进入小呱公司工作。2021 年 8 月、9 月，大呱公司要求沈先生提交竞业限制汇报表，沈先生均未回复。同年 11 月，大呱公司得知沈先生进入小呱公司，因小呱公司与大呱公司经营范围存在相似的业务，便要求沈先生支付违约金，并停止违约行为。

【案情分析】

对负有保密义务的劳动者，用人单位可以在劳动合同或者保密协议中与劳动者约定竞业限制条款，并约定在解除或者终止劳动合同后，在竞业限制期限内按月给予劳动者经济补偿。劳动者违反竞业限制约定的，应当按照约定向用人单位支付违约金。大呱公司与小呱公司经营范围存在相似的业务，沈先生在与大呱公司约定的竞业限制限期内就职小呱公司，显然已违反了双方签订的竞业限制协议，大呱公司要求沈先生支付竞业限制违约金及停止违约行为符合双方的约定，亦符合法律的规定。

【风险提示】

用人单位在与劳动者约定了竞业限制协议，劳动者违反了竞业限制义务的情况，用人单位可以要求劳动承担以下责任：（1）要求劳动者立即停止违约行为，继续履行竞业限制义务。如劳动者仍不停止该违约行为，用人单位可向劳动者就职的新单位发函告知其负有竞业限制义务，需停止聘用该劳动者。（2）要求劳动者支付违约金，具体违约金的数额可事先在竞业限制协议中约定。（3）如果劳动者违反了保密义务或竞业限制约定，给用人单位造成损失的，用人单位可要求劳动者承担赔偿责任。（4）如果竞业限制协议中约定劳动者违反竞业限制义务需返还已支付的经济补偿的，可以要求劳动者返还已支付的经济补偿。

【相关法条】

《中华人民共和国劳动合同法》

第二十三条（第二款）　对负有保密义务的劳动者，用人单位可以在劳动合同或者保密协议中与劳动者约定竞业限制条款，并约定在解除或者终止劳动合同后，在竞业限制期限内按月给予劳动者经济补偿。劳动者违反竞业限制约定的，应当按照约定向用人单位支付违约金。

第九十条　劳动者违反本法规定解除劳动合同，或者违反劳动合同中约定的保密义务或者竞业限制，给用人单位造成损失的，应当承担赔偿责任。

（三）培训服务期约定

尊敬的 HR 朋友：

您好！

上一篇我们主要围绕保密协议与竞业限制来探讨各位 HR 朋友关心的问题，本篇就主要解决另一重要问题"培训服务期约定"。在本篇中，您将详细了解员工入职培训是否需要签订培训服务期协议，如何约定培训服务期，员工在服务期内离职的违约金如何计算……希望本篇内容能解答各位朋友关于培训服务期的相关疑问，规避后续工作中遇到此类问题时的风险。

1. 用人单位为劳动者提供入职培训，能否签订培训服务期协议？

【案情简介】

丁先生于 2021 年 10 月入职蛋黄果公司，双方签订书面劳动合同，约定工资 4 500 元/月。同月蛋黄果公司安排丁先生参加为期一个月的线上岗前培训，培训内容为公司企业文化以及一般工作技巧。蛋黄果公司还要求丁先生签订岗前培训服务协议，协议中载明丁先生需履行一年服务期义务，如丁先生违反服务期约定，需支付违约金 4 500 元。2022 年 2 月，丁先生提出辞职，蛋黄果公司表示因其违反服务期约定应向蛋黄果公司支付违约金，故其当月工资不再发放。

【案情分析】

根据法律规定，用人单位为劳动者提供专项培训费用，对其进行专业技术培训的，可以与该劳动者订立协议，约定服务期。用人单位与劳动者合法约定服务期的前提是用人单位向劳动者提供专项培训费用，进行了专项技术培训。蛋黄果公司给丁先生提供的培训是岗前基础培训，其培训内容是公司企业文化以及工作技巧，该培训属于职业培训范畴，并不涉及专项技术培训，蛋黄果公司也并未支出专项培训费用。故蛋黄果公司无权要求丁先生履行一年服务期约定，丁先生无须支付违约金。

【风险提示】

实践中常有用人单位出资培训劳动者而与劳动者签订培训服务期协议，目的是防止劳动者获得专业知识和技能后跳槽。但用人单位在与劳动者签订服务期时，应甄别提供的培训是专业技术培训还是职业培训。职业培训是提高劳动者素质的重要手段，是用人单位应尽之义务；而专业技术培训则是用人单位确实支付专项培训费用用于提高劳动者的专业技术，劳动者此时违反服务期约定应当向用人单位支付违约金，这亦体现了合同中的权利义务对等原则。

【相关法条】

《中华人民共和国劳动合同法》

第二十二条　用人单位为劳动者提供专项培训费用，对其进行专业技术培训的，可以与该劳动者订立协议，约定服务期。

《中华人民共和国劳动法》

第六十八条　用人单位应当建立职业培训制度，按照国家规定提取和使用职业培训经费，根据本单位实际，有计划地对劳动者进行职业培训。

从事技术工种的劳动者，上岗前必须经过培训。

2. 用人单位与劳动者如何约定服务期？

【案情简介】

苗先生于 2017 年 3 月 23 日入职黄晶果科技公司，担任前端架构师。当日双方签订了劳动合同，劳动合同期限至 2025 年 3 月 22 日，同时劳动合同中约定将黄晶果科技公司员工手册作为合同附件，员工手册中有一条规定载明"高级技术人员（包含前端架构师）从入职之日起需为公司服务 5 年，否则向公司支付 8 万元违约金"。2020 年 9 月 17 日，苗先生向黄晶果科技公司提出离职，黄晶果科技公司以苗先生服务未满 5 年为由要求苗先生支付 8 万元违约金。

【案情分析】

黄晶果科技公司在员工手册里对相关人员约定服务期。根据法律规定，订立劳动合同，应当遵循合法、公平、平等自愿、协商一致、诚实信用的原则；用人单位为劳动者提供专项培训费用，对其进行专业技术培训的，可以与该劳动者订立协议，约定服务期。约定服务期的前提条件为服务期要经双方协商一致，且专门约定。黄晶果科技公司在与苗先生签订劳动合同时将公司的员工手册作为合同附件，并在员工手册中单方面规定了服务期内容，该内容并未经双方协商一致，因此，黄晶果科技公司要求苗先生支付 8 万元违约金没有法律依据。

【风险提示】

服务期是指劳动者与用人单位约定，由用人单位提供专项技术培训，且承担培训费用，劳动者承诺为用人单位提供劳动服务期限。约定服务期需要满足以下条件：（1）双方协商一致，且另行约定；（2）用人单位为劳动者提供了专项技术培训；（3）该培训费用由用人单位承担。若用人单位在其规章制度、员工手册等文件中直接规定服务期，缺乏双方合意的基础，一般不会对劳动者产生任何效力。

【相关法条】

《中华人民共和国劳动合同法》

第三条（第一款）　订立劳动合同，应当遵循合法、公平、平等自愿、协商一致、诚实信用的原则。

第二十二条（第一款）　用人单位为劳动者提供专项培训费用，对其进行专业技术培训的，可以与该劳动者订立协议，约定服务期。

3. 用人单位与劳动者约定的服务期与劳动合同期限不一致的情形

【案情简介】

陆先生于 2018 年 7 月入职蛋黄果公司，双方签订固定期限劳动合同，合同期限自 2018 年 7 月 21 日至 2020 年 7 月 21 日，同年 9 月 8 日双方签订培训服务期协议，约定由蛋黄果公司提供专项培训费用，为陆先生进行了专项技术培训，约定服务期为 3 年，自 2019 年 1 月 1 日培训完成后起算。后陆先生与蛋黄果公司所签劳动合同期限届满，蛋黄果公司认为双方劳动合同期限自动延续至服务期满，便未与陆先生续签劳动合同。2022 年 12 月，陆先生提起仲裁，主张蛋黄果公司向其支付 2020 年 7 月至 2022 年 12 月未签订劳动合同的双倍工资差额。

【案情分析】

陆先生与蛋黄果公司的劳动合同期限为 2018 年 7 月 21 日至 2020 年 7 月 21 日，培训服务期协议约定服务期为 2019 年 1 月 1 日至 2022 年 12 月 31 日。根据法律规定，劳动合同期满，但是用人单位与劳动者依照《劳动合同法》约定的服务期尚未到期的，劳动合同应当续延至服务期满；双方另有约定的，从其约定。蛋黄果公司与陆先生分别签订了劳动合同以及培训服务期协议，且培训服务期协议约定的服务期限与劳动合同期限并不一致。在陆先生与蛋黄果公司的劳动合同到期后，双方书面合同所约定的劳动合同应当续延至约定的服务期满，即2022年12月31日止，且双方均受培训服务期协议的约束。故陆先生主张蛋黄果公司支付未签订书面劳动合同的2倍工资的请求，没有事实与法律依据。

【风险提示】

培训协议中约定的服务期限与劳动合同期限不一致时可能会产生以下后果：其一是服务期短于劳动合同期限的情形下，服务期满后劳动合同的履行不受服务期的影响；其二是在服务期长于劳动合同期限的情形下，劳动合同期限届满，双方没有另行约定，那么劳动合同应当延续至服务期满。服务期内，劳动者要求解除劳动合同的，应当承担违约责任。

【相关法条】

《中华人民共和国劳动合同法实施条例》

第十七条　劳动合同期满，但是用人单位与劳动者依照劳动合同法第二十二条的规定约定的服务期尚未到期的，劳动合同应当续延至服务期满；双方另有约定的，从其约定。

4. 劳动者在服务期内离职，违约金的计算标准

【案情简介】

单先生于2016年5月入职人心果公司，双方签订书面劳动合同。同年8月，人心果公司与单先生签订专项培训协议，双方约定服务期为3年，且约定违约金为培训费的2倍。后单先生被派出学习，学习期间为1年，学习培训费用9万元。2018年3月，单先生因个人原因提出辞职，人心果公司因此要求单先生支付培训费的2倍作为违约金，单先生

认为违约金太高，拒绝赔付。

【案情分析】

根据法律规定，劳动者违反服务期约定的，应当按照约定向用人单位支付违约金。违约金的数额不得超过用人单位提供的培训费用。用人单位要求劳动者支付的违约金不得超过服务期尚未履行部分所应分摊的培训费用。人心果公司安排单先生外出学习培训，双方签订专项培训协议，人心果公司承担全部培训费用，并约定服务期 3 年。该培训协议合法有效，双方应当严格履行。然而，单先生未能按协议约定履行服务期义务，显然存在违约行为，理应承担违约责任，但是支付违约金的数额不得超过服务期尚未履行部分所应分摊的培训费用，即单先生尚有不到 2 年的服务期未履行，那么单先生应支付的违约金数额不得超过 6 万元。

【风险提示】

用人单位为劳动者提供专业技能培训，并与劳动者约定服务期和违约金，如果劳动者违反服务期约定，应当按照约定向用人单位支付违约金，但是要求劳动者支付的违约金数额并不能随便约定，它不能超过用人单位提供的培训费用。并且，劳动者在服务期内离职的，其支付的违约金也不得超过服务期尚未履行部分所应分摊的培训费用，这正体现了合同中的权利义务对等原则。

【相关法条】

《中华人民共和国劳动合同法》

第二十二条（第二款）　劳动者违反服务期约定的，应当按照约定向用人单位支付违约金。违约金的数额不得超过用人单位提供的培训费用。用人单位要求劳动者支付的违约金不得超过服务期尚未履行部分所应分摊的培训费用。

《中华人民共和国劳动合同法实施条例》

第十六条 劳动合同法第二十二条第二款规定的培训费用，包括用人单位为了对劳动者进行专业技术培训而支付的有凭证的培训费用、培训期间的差旅费用以及因培训产生的用于该劳动者的其他直接费用。

5. 用人单位以提供落户指标为前提与劳动者约定服务期和违约金的法律后果

【案情简介】

秦先生于 2018 年 9 月 1 日入职北京莲雾公司，入职时北京莲雾公司承诺为秦先生办理北京市户籍落户申请，但秦先生需自取得批准落户相关行政批复之日起为北京莲雾公司服务 5 年，不得与北京莲雾公司解除劳动关系，否则需要向北京莲雾公司支付 35 万元违约金，双方据此签订了服务协议。后在北京莲雾公司为秦先生办理北京户口落户完毕后不到 3 年，秦先生因个人原因申请离职，北京莲雾公司按照服务协议的约定要求秦先生支付 35 万元违约金。

【案情分析】

根据法律规定，用人单位为劳动者提供专项培训费用，对其进行专业技术培训的，可以与该劳动者订立协议，约定服务期。北京莲雾公司以为秦先生办理北京市户籍落户申请约定服务期及违约金，该约定违反法律规定，因此北京莲雾公司以双方约定为依据要求秦先生支付违约金的请求不会得到法院的支持。然而，秦先生确实违反了诚实信用原则，如因此给北京莲雾公司造成损失的，秦先生应承担相应的损失赔偿责任。

【风险提示】

因北京、上海等地户籍指标的稀缺性，常有用人单位为招揽高级人才而承诺为其办理落户手续，但为防止劳动者在完成落户后随即离职而又与其约定服务期和违约金。法律对要求劳动者支付违约金的情形有严格规定，而因落户离职要求劳动者支付违约金的并不在此列，对此法院不予支持。劳动者在落户手续完毕后随即离职的，用人单位不能拒绝办理离职手续，但劳动者此举确实有违诚实信用原则，这会给用人单位在人才引进、招录同岗位人员等方面带来损失，用人单位可以要求劳动者赔偿损失。至于赔偿数额，具体到司法实践中，通常是由法院依据劳动者的工作服务年限、工资报酬等因素综合衡量，酌情判决。

【相关法条】

《中华人民共和国劳动合同法》

第二十二条（第一款）　用人单位为劳动者提供专项培训费用，对其进行专业技术培训的，可以与该劳动者订立协议，约定服务期。

《中华人民共和国民法典》

第七条　民事主体从事民事活动，应当遵循诚信原则，秉持诚实，恪守承诺。

（四）年休假

尊敬的 HR 朋友：

您好！

劳动是我们的权利，也是义务。为了让员工更好地为公司提供劳动，激发其积极性、主动性，保障员工年休假权益至关重要。年休假管理是作为 HR 的您工作的主要内容之一，但对公司的年休假制度及相关法律法规您都十分了解吗？在本篇里，我们将为您查漏补缺，助您计算新入职员工的年休假天数，明悉员工不享受当年度年休假的情形，使您了解公司是否能统一安排员工休年休假，如何计算员工应休未休年休假工资，等等。

1. 劳动者入职新用人单位是否享有年休假?

【案情简介】

余先生自 2008 年毕业后始终在一家大型上市药企公司工作,因实在受不了严苛的工作环境,遂于 2020 年 3 月初离职。余先生于 2020 年 3 月 17 日又入职砂糖橘科技公司,2020 年 12 月 8 日因个人原因离职。在离职结算时,余先生提出因工作期间未休年休假,要求砂糖橘科技公司支付未休年休假的工资。但砂糖橘科技公司认为,余先生入职未满一年,不享有年休假,公司不应向其支付未休年休假的工资。交涉无果,余先生提请劳动仲裁,要求砂糖橘科技公司支付工作期间未休年休假的工资报酬。

【案情分析】

享有带薪年休假的基本条件为"职工连续工作一年以上",既包括在同一用人单位连续工作满一年以上的情形,也包括在不同用人单位连续工作一年以上的情形。所以只要满足可以休年假的条件,有些劳动者一入职就可折算享有当年度的年休假。本案中,因余先生能够证明其入职前已经连续工作满一年,结合余先生 10 年以上的累计工作年限,故劳动人事争议仲裁委员会裁决砂糖橘科技公司向余先生支付其在砂糖橘科技公司工作期间的未休年休假工资报酬。

【风险提示】

关于劳动者应享有的年休假天数,很多用人单位在这个问题的处理上存在一定的误解和偏差。

第一,劳动者在用人单位每年可以享有的年休假天数,应当以劳动者从业开始的累计工作年限来确定,而非根据其在当前工作单位的工作年限来确定。

第二,劳动者享有年休假的条件为"连续工作一年以上",如果劳动者入职的时候能够达到该条件，入职即可在本单位享有当年度年休假。

第三，新入职劳动者当年享有年休假的，当年度年休假天数计算方法为：当年度在本单位剩余日历天数÷365×该劳动者全年应享有的年休假天数，折算后不足 1 整天的部分不计入年休假天数。同理，如果劳动者离职，其当年度年休假的天数也可按照上述计算方式进行计算，计算方法为：当年度在本单位工作日历天数÷365×该劳动者全年应享有的年休假天数。

因此用人单位的人力资源部门在招聘时，可以要求劳动者就工作年限以及是否连续工作提供相应的材料，知晓劳动者的工作年限，合理计算劳动者当年度年休假天数，以避免上述违法行为的发生。

【相关法条】

《企业职工带薪年休假实施办法》

第三条 职工连续工作满 12 个月以上的，享受带薪年休假（以下简称年休假）。

第四条 年休假天数根据职工累计工作时间确定。职工在同一或者不同用人单位工作期间，以及依照法律、行政法规或者国务院规定视同工作期间，应当计为累计工作时间。

《职工带薪年休假条例》

第三条 职工累计工作已满 1 年不满 10 年的，年休假 5 天；已满 10 年不满 20 年的，年休假 10 天；已满 20 年的，年休假 15 天。

国家法定休假日、休息日不计入年休假的假期。

2. 劳动者不享有当年度年休假的情形有哪些？

【案情简介】

郑先生于 2014 年 4 月 1 日入职香瓜信息科技公司，2018 年 8 月 25

日，香瓜信息科技公司提出与郑先生协商解除劳动合同。郑先生认为，其累计工作年限 10 年以上不足 20 年，但是因工作繁忙并没有休 2018 年度的年休假，故要求香瓜信息科技公司支付其未休年休假的工资报酬。香瓜信息科技公司表明，郑先生因自身原因未提出休当年度的年休假，且在上年度休完年休假后长时间休病假（未超过 3 个月），故不同意支付该工资报酬。双方发生争议，郑先生向当地劳动人事争议仲裁委员会申请仲裁，要求香瓜信息科技有限公司支付其在 2018 年度未休带薪年休假的工资报酬。

【案情分析】

用人单位应充分保障劳动者的合法权益，劳动者依法享有休年休假的权利，但劳动者若符合《职工带薪年休假条例》第 4 条的规定，可以不享有当年度年休假。本案中郑先生在 2017 年休完年休假后休病假并未达到 3 个月以上，根据其工作年限，没有达到法律规定不享有下年度即 2018 年度年休假的情形，故香瓜信息科技公司仍应向郑先生支付2018 年度未休年休假的工资报酬。

【风险提示】

除劳动者出现《职工带薪年休假条例》第 4 条规定的情形时，劳动者不享有当年度年休假，其他情形下用人单位需安排劳动者享有当年度年休假，若劳动者未休当年度年休假的，用人单位需要向其支付当年度未休年休假的工资报酬或者安排其在离职前休完年休假。此外，根据《企业职工带薪年休假实施办法》第 10 条第 2 款的规定，用人单位可以安排劳动者休当年度年休假，劳动者因本人原因且书面提出不休年休假的，用人单位只需支付正常工作期间的工资收入而无须额外支付补偿。

【相关法条】

《职工带薪年休假条例》

第四条　职工有下列情形之一的，不享受当年的年休假：

（一）职工依法享受寒暑假，其休假天数多于年休假天数的；

（二）职工请事假累计 20 天以上且单位按照规定不扣工资的；

（三）累计工作满 1 年不满 10 年的职工，请病假累计 2 个月以上的；

（四）累计工作满 10 年不满 20 年的职工，请病假累计 3 个月以上的；

（五）累计工作满 20 年以上的职工，请病假累计 4 个月以上的。

《企业职工带薪年休假实施办法》

第八条　职工已享受当年的年休假，年度内又出现条例第四条第（二）、（三）、（四）、（五）项规定情形之一的，不享受下一年度的年休假。

3. 用人单位可否统一安排劳动者休年休假？

【案情简介】

2016 年年底，橙子公司组织该公司的员工去青海旅游五天。年底结算时，部分员工要求橙子公司支付未休年休假的工资报酬。橙子公司则表明：公司组织员工青海出游，已经统一安排员工休完 2016 年度的年休假。员工对橙子公司的答复不满意，因此向劳动人事争议仲裁委员会申请仲裁，要求橙子公司支付 2016 年度未休的年休假工资报酬。

【案情分析】

法定带薪年休假的制度设计是基于对劳动者休息权的保护，这项休息权的行使需要统筹兼顾劳动者的个人意愿和用人单位的经营实际，所以，法律明确规定用人单位在安排劳动者年休假方面具有一定的管理自主权，用人单位可以根据生产、工作的具体情况，并考虑劳动者本人意愿，统筹安排年休假。部分劳动者在本年度内的带薪年休假确实没有休完的，用人单位在考虑劳动者个人意愿的情况下可以统筹安排，也可以在征得劳动者同意的情况下将本年度未休完的带薪年休假推迟到下一个年度来休或者不安排休年休假。

本案中，橙子公司在组织员工旅游时并没有指明该假期属于年休假，也没有实际考虑员工的个人意愿，因此不属于年休假，橙子公司应当支付员工 2016 年度未休年休假的工资报酬。

【风险提示】

按照法律规定，用人单位可以根据生产、工作的具体情况，并考虑劳动者本人意愿，统筹安排年休假。用人单位在安排劳动者年休假时需要注意以下两点。

一是明确休假性质。在劳动者提出休假时，用人单位应当明确是否属于"年休假"，如果劳动者明确是年休假，可以认定为用人单位安排了年休假。

二是用人单位若统一安排年休假，应尽量体现劳动者的个人意愿。法律规定使用"考虑"二字，虽不要求必须经劳动者同意，但也要尽量与劳动者沟通、协商。

【相关法条】

《职工带薪年休假条例》

第五条　单位根据生产、工作的具体情况，并考虑职工本人意愿，统筹安排职工年休假。

年休假在 1 个年度内可以集中安排，也可以分段安排，一般不跨年度安排。单位因生产、工作特点确有必要跨年度安排职工年休假的，可以跨 1 个年度安排。

单位确因工作需要不能安排职工休年休假的，经职工本人同意，可以不安排职工休年休假。对职工应休未休的年休假天数，单位应当按照该职工日工资收入的 300% 支付年休假工资报酬。

《企业职工带薪年休假实施办法》

第九条　用人单位根据生产、工作的具体情况，并考虑职工本人意愿，统筹安排年休假。用人单位确因工作需要不能安排职工年休假或者跨 1 个年度安排年休假的，应征得职工本人同意。

第十条（第二款）　用人单位安排职工休年休假，但是职工因本人原因且书面提出不休年休假的，用人单位可以只支付其正常工作期间的工资收入。

4. 用人单位对劳动者应休未休年休假工资报酬的计算标准

【案情简介】

杜先生系黄瓜信息科技公司的员工，双方签订了为期 5 年的劳动合同，后因黄瓜信息科技公司的架构发生变化，黄瓜信息科技公司提出双方协商解除劳动关系。因杜先生当年度年休假未能休完，双方就年休假工资如何计算产生争议，杜先生认为应该按照工资收入的 300％支付，黄瓜信息科技公司认为应按照工资收入的 200％支付。到底谁是正确的呢？

【案情分析】

用人单位确因工作需要不能安排劳动者休年休假的，经劳动者本人同意，可以不安排劳动者休年休假。对劳动者应休未休的年休假天数，用人单位应当按照该劳动者日工资收入的 300％支付年休假工资报酬，但是该 300％包含了用人单位支付劳动者正常工作期间的工资收入，所以黄瓜信息科技公司在已经足额支付杜先生工资的情况下，按照日工资收入的 200％核算杜先生当年度未休年休假工资报酬即可。

【风险提示】

劳动者应休未休的年休假天数，用人单位应当按照该劳动者日工资收入的 300％支付年休假工资报酬，该 300％的报酬包含用人单位支付劳动者正常工作期间的工资收入。

日工资的计算方式为月工资收入÷月计薪天数（21.75），而月工资收入为单位支付其未休年休假工资报酬前 12 个月剔除加班工资后的月平均工资。

如果用人单位不按照法律规定支付劳动者未休年休假的报酬，很有可能会有涉诉风险，劳动者可以要求用人单位补足差额。

【相关法条】

《职工带薪年休假条例》

第五条（第二款）　单位确因工作需要不能安排职工休年休假的，经职工本人同意，可以不安排职工休年休假。对职工应休未休的年休假天数，单位应当按照该职工日工资收入的300％支付年休假工资报酬。

《企业职工带薪年休假实施办法》

第十条（第一款）　用人单位经职工同意不安排年休假或者安排职工年休假天数少于应休年休假天数，应当在本年度内对职工应休未休年休假天数，按照其日工资收入的300％支付未休年休假工资报酬，其中包含用人单位支付职工正常工作期间的工资收入。

第十一条　计算未休年休假工资报酬的日工资收入按照职工本人的月工资除以月计薪天数（21.75天）进行折算。

前款所称月工资是指职工在用人单位支付其未休年休假工资报酬前12个月剔除加班工资后的月平均工资。在本用人单位工作时间不满12个月的，按实际月份计算月平均工资。

职工在年休假期间享受与正常工作期间相同的工资收入。实行计件工资、提成工资或者其他绩效工资制的职工，日工资收入的计发办法按照本条第一款、第二款的规定执行。

（五）女职工、患病及非因工负伤职工

尊敬的 HR 朋友：

您好！

公司目前发展状况良好，人事管理也在不断优化完善。这段时间公

司招聘了不少女员工，公司还存在患病和非因工负伤的其他特殊员工。为了稳定公司发展，更好地激励这些员工，降低女员工及其他患病或者非因工负伤员工的顾虑，公司需要您从根源上降低与这些职工发生纠纷的风险。从法律层面您打算怎么做呢？我们将在本篇中为您解决这些问题！

1. 处于"三期"期间的女职工有法定过错情形时，用人单位能否解除或终止劳动合同？

【案情简介】

榴莲公司的一名女职工孙女士怀孕 6 个月了，榴莲公司为其身体考虑，安排了较为轻松的工作。但孙女士在工作时制作虚假账目，严重损害公司利益，导致榴莲公司损失十万余元。榴莲公司不知道是否可以与孕期内的孙女士解除劳动关系？

【案情分析】

《劳动法》与《劳动合同法》均规定了对女职工的特殊保护，尤其是孕期、产期、哺乳期的女职工，即"三期"内女职工。

对于"三期"内女职工，法律并没有限制不得与其解除劳动合同，只是规定不得通过裁员解除劳动合同，不得依据《劳动合同法》第 40 条规定的三种情形提前 30 天通知或额外支付一个月工资解除劳动合同。孙女士虽然在"三期"内，但是孙女士有法定过错情形，营私舞弊，严重损害榴莲公司的利益，故榴莲公司是可以与其解除劳动关系的。

【风险提示】

对"三期"内女职工用人单位在解除劳动关系的时候一定要慎重，不可以通过裁员方式单方面解除劳动合同，也不能以《劳动合同法》第 40 条规定的提前 30 天书面通知方式解除劳动合同，但如果劳动者有法定过错情形的，用人单位可以与其解除劳动合同。

【相关法条】

《中华人民共和国劳动合同法》

第三十九条　劳动者有下列情形之一的，用人单位可以解除劳动合同：

（一）在试用期间被证明不符合录用条件的；

（二）严重违反用人单位的规章制度的；

（三）严重失职，营私舞弊，给用人单位造成重大损害的；

（四）劳动者同时与其他用人单位建立劳动关系，对完成本单位的工作任务造成严重影响，或者经用人单位提出，拒不改正的；

（五）因本法第二十六条第一款第一项规定的情形致使劳动合同无效的；

（六）被依法追究刑事责任的。

第四十二条　劳动者有下列情形之一的，用人单位不得依照本法第四十条、第四十一条的规定解除劳动合同：

…………

（四）女职工在孕期、产期、哺乳期的；

…………

2. 女劳动者在"三期"期间，工资待遇是否可以降低？

【案情简介】

王女士在菠萝莓公司上班，目前正处于怀孕期，菠萝莓公司考虑到王女士的身体形象以及部分工作受影响，决定对王女士降薪调岗。这是否合法呢？对菠萝莓公司会不会有不利的影响？

【案情分析】

劳动报酬涉及劳动者切身利益，非经双方协商一致用人单位不得随意降低，"三期"内女职工更应如此，用人单位不得降低孕期、产期、哺乳期女职工的工资待遇。菠萝莓公司单方面降低工资的，王女士可以要求补齐差额。

【风险提示】

用人单位安排给"三期"内女劳动者的工作内容如属于法律规定的"三期"内禁忌从事的劳动范围，则用人单位必须对其调整岗位，脱离禁忌岗位，否则可能面临县级以上人民政府安全生产监督管理部门的罚款，严重的会被责令停止有关作业或责令关闭。

如果"三期"内女劳动者的工作内容不涉及禁忌劳动范围，但女劳动者在孕期因生理特点，不能适应原劳动工作岗位的，用人单位应当根据医疗机构的证明，减轻其劳动量或安排其他能够适应的劳动岗位，"孕期"过后可以恢复其原劳动岗位。换言之，女劳动者"三期"内在符合一定条件的情况下，可以安排调岗，但是无论是否调岗，用人单位均不能擅自单方面降低其劳动工资待遇，否则用人单位可能面临不仅要补足工资差额，还要支付经济补偿金的风险。

【相关法条】

《女职工劳动保护特别规定》

第五条　用人单位不得因女职工怀孕、生育、哺乳降低其工资、予以辞退、与其解除劳动或者聘用合同。

第六条　女职工在孕期不能适应原劳动的，用人单位应当根据医疗机构的证明，予以减轻劳动量或者安排其他能够适应的劳动。

对怀孕 7 个月以上的女职工，用人单位不得延长劳动时间或者安排夜班劳动，并应当在劳动时间内安排一定的休息时间。

怀孕女职工在劳动时间内进行产前检查，所需时间计入劳动时间。

附录：女职工禁忌从事的劳动范围

一、女职工禁忌从事的劳动范围：

（一）矿山井下作业；

（二）体力劳动强度分级标准中规定的第四级体力劳动强度的作业；

（三）每小时负重 6 次以上、每次负重超过 20 公斤的作业，或者间断负重、每次负重超过 25 公斤的作业。案例 3 篇

二、女职工在经期禁忌从事的劳动范围：

（一）冷水作业分级标准中规定的第二级、第三级、第四级冷水作业；

（二）低温作业分级标准中规定的第二级、第三级、第四级低温作业；

（三）体力劳动强度分级标准中规定的第三级、第四级体力劳动强度的作业；

（四）高处作业分级标准中规定的第三级、第四级高处作业。

三、女职工在孕期禁忌从事的劳动范围：

（一）作业场所空气中铅及其化合物、汞及其化合物、苯、镉、铍、砷、氰化物、氮氧化物、一氧化碳、二硫化碳、氯、己内酰胺、氯丁二烯、氯乙烯、环氧乙烷、苯胺、甲醛等有毒物质浓度超过国家职业卫生标准的作业；

（二）从事抗癌药物、己烯雌酚生产，接触麻醉剂气体等的作业；

（三）非密封源放射性物质的操作，核事故与放射事故的应急处置；

（四）高处作业分级标准中规定的高处作业；

（五）冷水作业分级标准中规定的冷水作业；

（六）低温作业分级标准中规定的低温作业；

（七）高温作业分级标准中规定的第三级、第四级的作业；

（八）噪声作业分级标准中规定的第三级、第四级的作业；

（九）体力劳动强度分级标准中规定的第三级、第四级体力劳动强度的作业；

（十）在密闭空间、高压室作业或者潜水作业，伴有强烈振动的作业，或者需要频繁弯腰、攀高、下蹲的作业。

四、女职工在哺乳期禁忌从事的劳动范围：

（一）孕期禁忌从事的劳动范围的第一项、第三项、第九项；

（二）作业场所空气中锰、氟、溴、甲醇、有机磷化合物、有机氯化合物等有毒物质浓度超过国家职业卫生标准的作业。

3. "三期"内女劳动者的劳动合同到期自动顺延，顺延期间未续签书面劳动合同，该劳动者能否主张未签合同的 2 倍工资？

【案情简介】

龚女士与牛奶果公司签订了劳动合同，约定的劳动合同期限为 2 年。在合同期限届满前，龚女士被检查出怀孕了。劳动合同到期后，牛奶果公司未与龚女士续签劳动合同，龚女士生产完后，要求牛奶果公司支付未签订书面劳动合同的 2 倍工资。牛奶果公司不知道该如何是好？

【案情分析】

"三期"内女劳动者的劳动合同到期自动顺延，牛奶果公司不得以合同到期为由终止与龚女士的劳动合同。牛奶果公司不续签劳动合同也不影响劳动合同自动顺延，龚女士也不得以此要求牛奶果公司支付顺延期间的 2 倍工资。女劳动者在孕期、产期、哺乳期的，劳动合同到期应当续延至"三期"结束时终止，在这种情形下，双方无须续订劳动合同，而是依照法律规定自动顺延。这属于对女劳动者的特别保护。

【风险提示】

处于"三期"内女劳动者的劳动合同期满后，在"三期"结束之前双方未续订书面劳动合同的，用人单位无须支付 2 倍工资。但是，"三期"结束后，双方如继续履行劳动关系，那么不签订劳动合同的话，用人单位就要承担 2 倍工资的责任。所以我们建议用人单位严格做好劳动合同的续签准备，降低由此可能带来的风险。

【相关法条】

《中华人民共和国劳动合同法》

第四十二条　劳动者有下列情形之一的，用人单位不得依照本法第四十条、第四十一条的规定解除劳动合同：

（一）从事接触职业病危害作业的劳动者未进行离岗前职业健康检查，或者疑似职业病病人在诊断或者医学观察期间的；

（二）在本单位患职业病或者因工负伤并被确认丧失或者部分丧失劳动能力的；

（三）患病或者非因工负伤，在规定的医疗期内的；

（四）女职工在孕期、产期、哺乳期的；

（五）在本单位连续工作满十五年，且距法定退休年龄不足五年的；

（六）法律、行政法规规定的其他情形。

第四十五条　劳动合同期满，有本法第四十二条规定情形之一的，劳动合同应当续延至相应的情形消失时终止。但是，本法第四十二条第二项规定丧失或者部分丧失劳动能力劳动者的劳动合同的终止，按照国家有关工伤保险的规定执行。

4. 女劳动者与用人单位协商解除劳动合同后发现其已怀孕一段时间，是否可以撤销解除协议？

【案情简介】

段女士在果果公司就职，后因果果公司经营不善，果果公司与段女士协商解除劳动合同，并签订解除劳动关系协议书，协议约定本协议签订当日果果公司支付段女士3万元整，果果公司支付该款项后，双方再无任何争议与纠纷，段女士保证不向公司提出任何要求，包括但不限于工资、补偿金、社保、住房公积金等。但是，协议签署后10日，段女士发现已经自己怀孕两个月，便找到果果公司，提出因已经怀孕想要撤销之前签订的解除劳动合同的协议，让果果公司恢复其工作。

【案情分析】

　　用人单位对"三期"内女劳动者不可以通过裁员方式单方面解除劳动合同，不可以提前 30 天以书面形式通知解除劳动合同，也不可以在无法定过错情形下解除劳动合同。但对于双方协商解除或劳动者单方面解除劳动合同的，不适用上述情形。作为一个具有完全民事行为能力的劳动者，在签署解除劳动合同时对自己的生理生活状态应有一定的了解，用人单位是无法准确了解劳动者的生理生活状态的，劳动者应自行承担该责任，不能苛求用人单位恢复劳动关系。段女士与果果公司协商解除劳动合同后发现自己怀孕不是法定的撤销情形，是不能撤销解除协议的。

【风险提示】

　　法律规定对"三期"内女劳动者，用人单位不得进行无过失性辞退，劳动合同期满，女劳动者在"三期"内的，劳动合同还应当续延至相应情形消失时终止，以上规定从立法层面限制了用人单位对"三期"内女劳动者随意行使解除权和终止权，用人单位与"三期"内女劳动者解除劳动合同时应谨慎处理。

【相关法条】

最高人民法院《关于审理劳动争议案件适用法律问题的解释（一）》

　　第三十五条　劳动者与用人单位就解除或者终止劳动合同办理相关手续、支付工资报酬、加班费、经济补偿或者赔偿金等达成的协议，不违反法律、行政法规的强制性规定，且不存在欺诈、胁迫或者乘人之危情形的，应当认定有效。

　　前款协议存在重大误解或者显失公平情形，当事人请求撤销的，人民法院应予支持。

北京市高级人民法院、北京市劳动争议仲裁委员会《关于劳动争议案件法律适用问题研讨会会议纪要（二）》

45.女职工在未知自己怀孕的情况下与用人单位协商解除劳动合同后，又要求撤销解除协议或者要求继续履行原合同的，如何处理？

女职工与用人单位协商解除劳动合同后，发现自己怀孕后又要求撤销协议或者要求继续履行原合同的，一般不予支持。

5. 劳动者非因工负伤或患病，医疗期的计算标准及工资如何发放？

【案情简介】

邓女士自2019年6月大学毕业后即入职北京魔芋公司，在2022年10月15日上班时突发心脏病。去医院就医时，医生告知她要住院3个月才能出院。邓女士很慌张，不知该如何是好？

【案情分析】

医疗期计算			
实际参加工作年限	在本单位工作年限	医疗期	累计计算病休时间
10年以下	＜5年	3个月	6个月内
	≥5年	6个月	12个月内
10年及以上	＜5年	6个月	12个月内
	10年＞x≥5年	9个月	15个月内
	15年＞x≥10年	12个月	18个月内
	20年＞x≥15年	18个月	24个月内
	≥20年	24个月	30个月内

根据上述规定，邓女士的医疗期为3个月。北京市规定医疗期的工资不得低于本市最低工资标准的80%，北京市人力资源和社会保障局发布的2021年最低工资标准为2 320元。也即北京魔芋公司在邓女士请病假的3个月内不能与其解除劳动合同，且支付医疗期工资时不能低于

2021 年北京市最低工资标准的 80％。

【风险提示】

　　劳动者患病或者非因工负伤的，在病休期间，用人单位应当根据劳动合同的约定支付病假工资。北京市用人单位支付病假工资不得低于本市最低工资标准的 80％。对于处于医疗期内的劳动者，用人单位不能对其进行无过失性单方面解除劳动合同；只有超过法定的医疗期，用人单位才能依照法定程序作出相应处理。至于用人单位是否能解除劳动合同，要综合考量劳动者的身体状况能否从事原工作以及是否能从事由用人单位另行安排的工作。

【相关法条】

《企业职工患病或非因工负伤医疗期规定》

　　第三条　企业职工因患病或非因工负伤，需要停止工作医疗时，根据本人实际参加工作年限和在本单位工作年限，给予三个月到二十四个月的医疗期：

　　（一）实际工作年限十年以下的，在本单位工作年限五年以下的为三个月；五年以上的为六个月。

　　（二）实际工作年限十年以上的，在本单位工作年限五年以下的为六个月；五年以上十年以下的为九个月；十年以上十五年以下的为十二个月；十五年以上二十年以下的为十八个月；二十年以上的为二十四个月。

《中华人民共和国劳动合同法》

　　第四十二条　劳动者有下列情形之一的，用人单位不得依照本法第四十条、第四十一条的规定解除劳动合同：

　　……………

　　（三）患病或者非因工负伤，在规定的医疗期内的；

　　……………

《北京市工资支付规定》

第二十一条　劳动者患病或者非因工负伤的，在病休期间，用人单位应当根据劳动合同或集体合同的约定支付病假工资。用人单位支付病假工资不得低于本市最低工资标准的80%。

6. 劳动者患病或非因工负伤，在规定的医疗期满后不能从事原工作，也不能从事用人单位另行安排的工作的，用人单位怎么办？

【案情简介】

火龙果公司员工齐先生在家装修时砸伤了腿一直不能上班，在超过法定医疗期之后，火龙果公司 HR 用微信询问齐先生是否能回来上班，齐先生明确告知火龙果公司他还不能回公司上班，腿上的伤还未养好。之后，火龙果公司安排齐先生做其他工作，齐先生仍予以拒绝，未到岗上班。

【案情分析】

根据法律规定，劳动者患病或非因工负伤，在规定的医疗期满后不能从事原工作，也不能从事用人单位另行安排的工作的，用人单位可以解除劳动合同。齐先生在医疗期满后无法回火龙果公司上班，也不能从事由火龙果公司另行安排的工作，因此火龙果公司可以解除劳动者合同，但应提前 30 日以书面形式通知齐先生或额外支付一个月工资，并向齐先生支付经济补偿。

【风险提示】

对于医疗期满后劳动者不能上班的情况，用人单位需要收集以下证据：一是劳动者不能从事原工作，二是劳动者不能从事由用人单位另行安排的工作。

证据的收集可以采取微信聊天截图的形式，也可采取快递、电子邮件或者书面文件让劳动者签字的形式。

【相关法条】

《中华人民共和国劳动合同法》

第四十条　有下列情形之一的，用人单位提前三十日以书面形式通知劳动者本人或者额外支付劳动者一个月工资后，可以解除劳动合同：

（一）劳动者患病或者非因工负伤，在规定的医疗期满后不能从事原工作，也不能从事由用人单位另行安排的工作的；

…………

7. 对从事接触职业病危害作业的劳动者，未进行离岗前职业健康检查的，用人单位是否可以解除或者终止与其订立的劳动合同？

【案情简介】

葡萄公司旗下有一生产车间，李某在该车间焊装部门从事电焊操作工作，双方签订了职业病危害因素约定书，约定书内载明李某的工作危害。后葡萄公司提出与李某协商解除劳动关系，李某提出离职体检但公司予以拒绝。离职当天李某去当地三甲医院进行职业健康体检，检查结果为双耳检测听力频段低于正常值，李某认为自己患有职业病，遂向有关部门申请职业病鉴定。同时，李某认为公司未做离岗前职业健康检查，双方解除行为无效，向劳动人事争议仲裁委员会提起仲裁，要求继续履行与葡萄公司的劳动合同。

【案情分析】

对从事接触职业病危害作业的劳动者，未进行离岗前职业健康检查的，用人单位不得解除或者终止与其订立的劳动合同。安排从事接触职业病危害作业的劳动者进行离职体检是用人单位的法定义务，该义务不能因用人单位与劳动者协商一致而免除，故劳动人事争议仲裁委员会认定双方应继续履行劳动合同。

【风险提示】

对从事接触职业病危害作业的劳动者，用人单位应当组织上岗前、在岗期间和离岗时的职业健康检查，并将检查结果书面告知劳动者。职业健康检查费用由用人单位承担。用人单位不得安排未经上岗前职业健康检查的劳动者从事接触职业病危害的作业；不得安排有职业禁忌的劳动者从事其所禁忌的作业；对在职业健康检查中发现有与所从事的职业相关的健康损害的劳动者，应当调离原工作岗位，并妥善安置；对未进行离岗前职业健康检查的劳动者不得解除或者终止与其订立的劳动合同。

【相关法条】

《中华人民共和国劳动合同法》

第四十二条　劳动者有下列情形之一的，用人单位不得依照本法第四十条、第四十一条的规定解除劳动合同：

（一）从事接触职业病危害作业的劳动者未进行离岗前职业健康检查，或者疑似职业病病人在诊断或者医学观察期间的；

……………

四

规章制度篇

尊敬的 HR 朋友：

您好！

为了给公司运营管理提供良好的制度保障，公司开启新一轮的规章制度修订活动。您也清楚，公司现有的规章制度已经不适应公司的发展，需要与时俱进。那您是否了解规章制度需要包括哪些内容，对规章制度未规定的严重违纪行为怎么认定？又是否了解制定、修改规章制度的流程呢？别担心，在接下来的篇章中，这些问题都会一一得到解答。

1. 用人单位如何制定合法有效的规章制度？

【案情简介】

马先生于 2017 年 7 月入职人参果科技公司。入职时，人参果科技公司对马先生进行了入职培训，并安排学习了人参果科技公司的规章制度。其规章制度中规定："每日工作时间为 9：00—20：00，一周工作六天。超过上述时间，员工需填写加班申请。"2020 年 3 月马先生离职并要求人参果科技公司支付加班费。人参果科技公司却称，马先生的工作时间是按照公司的规章制度实行的，人参果科技公司的规章制度在制定时已经过民主程序，马先生对其规章制度内容也已知晓，不能主张加班费。

【案情分析】

马先生要求人参果科技公司支付加班费，但人参果科技公司却以公司的规章制度明确规定"每日工作时间为 9：00－20：00，一周工作六天"且马先生已知晓该规章制度为由拒绝支付加班费。依据法律规定，用人单位规章制度的制定要经过民主程序，依法向劳动者公示，且不得违反法律的强制性规定。人参果科技公司制定的规章制度虽然已经过民主程序且已向马先生履行告知义务，但规章制度中关于工作时间的内容违反了《劳动法》第 36 条关于"国家实行劳动者每日工作时间不超过八小时、平均每周工作时间不超过四十四小时的工时制度"的强制性规定，对马先生并不产生约束力，因此人参果科技公司应依法向马先生支付延时加班费及休息日加班费。

【风险提示】

用人单位规章制度的制定除了程序合法、依法经职工代表大会或者全体职工讨论并依法向劳动者公示外，还需要内容合法合理，即规章制度的内容不仅要符合法律法规，还要考虑保护劳动者的切身利益。若用人单位的规章制度在司法中被认定为违反法律法规或违背公序良俗的，将不会对劳动者发生效力，用人单位还可能会因此支付经济补偿金或赔偿金，甚至面临被劳动行政部门处罚的风险。另外，实践中多有用人单位通过规章制度单方面变更劳动合同的内容，以增加劳动者的义务。如出现规章制度内容与劳动合同相抵触的情况，实践中法院还是多以劳动合同为准，除非劳动者认可，否则相关规章制度不会对劳动者产生效力。

【相关法条】

《中华人民共和国劳动法》

第三十六条 国家实行劳动者每日工作时间不超过八小时、平均每周工作时间不超过四十四小时的工时制度。

《中华人民共和国劳动合同法》

第四条 用人单位应当依法建立和完善劳动规章制度，保障劳动者享有劳动权利、履行劳动义务。

用人单位在制定、修改或者决定有关劳动报酬、工作时间、休息休假、劳动安全卫生、保险福利、职工培训、劳动纪律以及劳动定额管理等直接涉及劳动者切身利益的规章制度或者重大事项时，应当经职工代表大会或者全体职工讨论，提出方案和意见，与工会或者职工代表平等协商确定。

在规章制度和重大事项决定实施过程中，工会或者职工认为不适当的，有权向用人单位提出，通过协商予以修改完善。

用人单位应当将直接涉及劳动者切身利益的规章制度和重大事项决定公示，或者告知劳动者。

第八十条 用人单位直接涉及劳动者切身利益的规章制度违反法律、法规规定的，由劳动行政部门责令改正，给予警告；给劳动者造成损害的，应当承担赔偿责任。

最高人民法院《关于审理劳动争议案件适用法律若干问题的解释（一）》

第五十条 用人单位根据劳动合同法第四条规定，通过民主程序制定的规章制度，不违反国家法律、行政法规及政策规定，并已向劳动者公示的，可以作为确定双方权利义务的依据。

用人单位制定的内部规章制度与集体合同或者劳动合同约定的内容不一致，劳动者请求优先适用合同约定的，人民法院应予支持。

2. 用人单位制定的规章制度应当经过民主程序

【案情简介】

王先生作为青草公司的职工，上班期间多次偷懒，一个月内累计玩手机达 20 次。青草公司规章制度明确规定，上班期间玩手机月累计达 15 次，将被解雇。青草公司以此为由解除了与王先生的劳动合同，王先生表示青草公司规章制度未经过民主程序，应当无效。

【案情分析】

王先生在青草公司工作期间一个月内玩手机达 20 次，青草公司以规章制度明确规定"上班期间玩手机月累计达 15 次，将被解雇"为由解除与王先生的劳动合同。根据法律规定，用人单位在制定涉及劳动者切身利益的规章或重大事项时，应当经职工代表大会或者全体职工讨论，提出方案和意见，与工会或职工代表平等协商确定。用人单位的规章制度主要是用来约束和规制劳动者的，会对劳动者的自身利益造成影响。若用人单位无法证明规章制度经过了民主程序讨论协商，则应当承担不利后果。青草公司无法举证证明其在规章制度制定过程中已经过民主程序，故应当承担不利后果。

【风险提示】

用人单位规章制度的有效要件包括：（1）内容合法合理；（2）通过民主程序制度；（3）向劳动者公示。这三个要件缺一不可。

用人单位制定合法有效的规章制度需要完善健全职工代表大会和工会，使得规章制度在制定时经过相应的民主程序。同时，由于证明规章制度合法有效的举证责任在用人单位，履行民主程序和公示时，要保留相关证据，如职工代表大会的会议记录（需要参加会议的职工代表签字）、劳动者学习规章制度的试卷、遵守规章制度承诺书（劳动者签字）等。

【相关法条】

《中华人民共和国劳动合同法》

第四条　用人单位应当依法建立和完善劳动规章制度，保障劳动者

125

享有劳动权利、履行劳动义务。

用人单位在制定、修改或者决定有关劳动报酬、工作时间、休息休假、劳动安全卫生、保险福利、职工培训、劳动纪律以及劳动定额管理等直接涉及劳动者切身利益的规章制度或者重大事项时，应当经职工代表大会或者全体职工讨论，提出方案和意见，与工会或者职工代表平等协商确定。

在规章制度和重大事项决定实施过程中，工会或者职工认为不适当的，有权向用人单位提出，通过协商予以修改完善。

用人单位应当将直接涉及劳动者切身利益的规章制度和重大事项决定公示，或者告知劳动者。

3. 用人单位制定的规章制度没有向劳动者公示或告知，是否有效?

【案情简介】

李先生是月亮科技公司的员工，在上班期间完成了当天的工作安排后就提前下班了，月亮科技公司领导发现后就给李先生下达了辞退通知，辞退理由是月亮科技公司劳动纪律明确规定无故早退，一经发现一律开除。但李先生对该规定毫不知情，认为该规章制度无效。

【案情分析】

李先生作为月亮科技公司员工，在上班期间完成当天工作任务后提前下班，月亮科技公司以劳动纪律明确规定"无故早退，一经发现一律开除"为由与李先生解除劳动关系。根据法律规定，用人单位的规章制度在经过民主程序制定后，需要经过公示并告知劳动者。月亮科技公司的劳动纪律在制定后并未及时公示，且不能证明告知过李先生，故应当承担不利的法律后果。

【风险提示】

用人单位规章制度的制定应符合法定的程序，规章制度能够对劳动者产生约束的前提是该规章制度通过法定形式公示或告知劳动者，所以用人单位在向劳动者公示规章制度时要注意保留公示记录，确保每位劳动者都知悉并签字。现实中，很多用人单位虽然向劳动者公示了规章制度，但因为未留存相关证据而无法证明公示或告知的事实，最终导致规章制度不被法院采纳。用人单位不仅要重视规章制度的内容和规章制度制定的程序，还要重视规章制度向劳动者的公示或告知。

【相关法条】

《中华人民共和国劳动合同法》

第四条　用人单位应当依法建立和完善劳动规章制度，保障劳动者享有劳动权利、履行劳动义务。

用人单位在制定、修改或者决定有关劳动报酬、工作时间、休息休假、劳动安全卫生、保险福利、职工培训、劳动纪律以及劳动定额管理等直接涉及劳动者切身利益的规章制度或者重大事项时，应当经职工代表大会或者全体职工讨论，提出方案和意见，与工会或者职工代表平等协商确定。

在规章制度和重大事项决定实施过程中，工会或者职工认为不适当的，有权向用人单位提出，通过协商予以修改完善。

用人单位应当将直接涉及劳动者切身利益的规章制度和重大事项决定公示，或者告知劳动者。

4. 用人单位未制定规章制度或规章制度中未规定某种违纪行为时，劳动者严重违反劳动纪律和职业道德的，用人单位是否可以与其解除劳动合同？

【案情简介】

太阳公司在员工入职时为每个员工都发放过员工管理手册，其中规定了员工的奖惩办法。何先生作为太阳公司的业务员，经常利用职务便利为自己谋取私利。太阳公司遂以何先生严重违纪为由解除劳动合同，何先生声称员工管理手册中并未规定员工利用职务便利谋取私利的惩罚措施，要求太阳公司给予赔偿，后何先生以太阳公司违法解除劳动合同为由申请劳动仲裁。

【案情分析】

法律规定，即使用人单位未制定规章制度或规章制度中未规定某种违纪行为，若劳动者发生未规定于规章制度的严重违纪行为，用人单位仍可以解除劳动合同。员工管理手册作为太阳公司的规章制度虽并未规定劳动者以权谋私的惩罚措施，但劳动者仍要遵守相应的劳动纪律和职业道德，如劳动者不遵守基本的劳动纪律和职业道德，用人单位可以解除与劳动者的劳动合同，故劳动人事争议仲裁委员会驳回了何先生的申请。

【风险提示】

规章制度作为用人单位管理劳动者的根本制度，在内容制定上应当具体明确，包括但不限于日常经营管理、违纪行为及处理办法等。虽然劳动法对于劳动者的违纪行为作出了兜底规定，但在实践认定中并不容易，这也更加突出了规章制度的重要性，用人单位在制定规章制度时可以咨询专业人员。

【相关法条】

《中华人民共和国劳动法》

第二十五条　劳动者有下列情形之一的，用人单位可以解除劳动合同：

（一）在试用期间被证明不符合录用条件的；

（二）严重违反劳动纪律或者用人单位规章制度的；

（三）严重失职，营私舞弊，对用人单位利益造成重大损害的；

（四）被依法追究刑事责任的。

五

薪资篇

尊敬的 HR 朋友:

您好!

公司的薪资制度与薪资体系有更新吗? 如今公司发展态势良好, 为使员工提高积极性与主动性, 增强主人翁意识, 感受到与公司共同进步的参与感和荣誉感, 公司需要对过去实行的薪资与年休假制度进行修改完善。在制定、修改、实施的过程中, 您是否了解薪资构成、加班工资、事假与病假、带薪年休假、女职工 "三期" 等内容涉及的法律风险呢? 不了解也没关系, 赶紧看接下来的篇章吧, 关于所有这些疑问您都将找到答案!

1. 劳动者因个人原因请假后的工资报酬如何计算?

【案情简介】

向先生是柠檬公司的前端工程师, 月薪税后 20 000 元。上个月某个周四因家中有事, 向领导提出请假两天。到这月发工资时到账 16 321.84元, 向先生发现少发了两天工资, 于是向柠檬公司人事咨询。人事告知他, 按照柠檬公司的规章制度规定, 请假一天要扣两天工资。

【案情分析】

在劳动关系中, 劳动者有平等选择职业、就业和取得劳动报酬的权利，如果劳动者正常提供了劳动，即使存在请假的事由，用人单位也应按照正常提供劳动的天数向劳动者支付相应的报酬。本案中柠檬公司"请假一天扣两天工资"的规定明显免除了柠檬公司自身支付劳动报酬的法定责任，排除了劳动者获得劳动报酬的权利，应属无效，因此柠檬公司需要支付向先生少发的两天工资。

【风险提示】

关于劳动者请假，用人单位向劳动者支付工资数额时，需要注意以下三种情况。

一是针对劳动者的基本工资，如用人单位有请假或旷工扣两天工资这样的规章制度是违法的，用人单位需根据劳动者具体请假天数或旷工天数扣除工资；

二是需要关注劳动者请假的事由，如劳动者是请事假，则可以不算工资，因事假为无薪假。如果劳动者以产检、行使选举权等国家规定的事由请假，则依然需要正常支付工资。

三是劳动者请事假累计 20 天以上且用人单位按照规定不扣工资的，劳动者不享受当年年休假。

为此，用人单位面临劳动者请假时需要区分事由来决定是否扣除工资、扣除多少工资，以免陷入未及时足额支付劳动报酬而被要求赔偿的情况。

【相关法条】

劳动和社会保障部《关于职工全年月平均工作时间和工资折算问题的通知（2008）》

二、日工资、小时工资的折算

按照《劳动法》第五十一条的规定，法定节假日用人单位应当依法支付工资，即折算日工资、小时工资时不剔除国家规定的 11 天法定节假日。据此，日工资、小时工资的折算为：

日工资：月工资收入÷月计薪天数

小时工资：月工资收入÷（月计薪天数×8 小时）。

月计薪天数＝（365 天－104 天）÷12 月＝21.75 天

《职工带薪年休假条例》

第四条　职工有下列情形之一的，不享受当年的年休假：

（一）职工依法享受寒暑假，其休假天数多于年休假天数的；

（二）职工请事假累计 20 天以上且单位按照规定不扣工资的；

（三）累计工作满 1 年不满 10 年的职工，请病假累计 2 个月以上的；

（四）累计工作满 10 年不满 20 年的职工，请病假累计 3 个月以上的；

（五）累计工作满 20 年以上的职工，请病假累计 4 个月以上的。

2. 劳动者待岗期间的工资报酬如何支付？

【案情简介】

贾先生为北京龙眼汽车公司客户俱乐部员工，月薪为 12 000 元。2022 年 5 月因北京突发疫情，北京龙眼汽车公司处于停工停产状态。6 月初，疫情缓解后北京龙眼汽车公司汽车生产、组装、维修部门复工，而客户俱乐部暂时无法对外开放，导致该部门员工仍处于停工状态。2022 年 5 月北京龙眼汽车公司向全体员工发布了待岗通知。5 月，北京龙眼汽车按劳动合同支付全体员工工资。6 月，北京龙眼汽车公司按照北京市最低工资标准给客户俱乐部员工贾先生发放了工资。但贾先生认为公司此举是借停工为由降低工资待遇，要求北京龙眼汽车公司按照劳动合同支付工资。

【案情分析】

非因劳动者原因使劳动者处于待岗状态，在第一个工资支付周期内（一般为一个月），用人单位应当按照合同约定支付劳动者工资；超过一个工资支付周期的，可以根据劳动者提供的劳动，按照双方新约定的标准支付工资，但不得低于北京市最低工资标准；用人单位没有安排劳动者工作的，应当按照不低于北京市最低工资标准的 70％支付劳动者基本生活费。本案中，首先，对于贾先生的待岗，在第一个月北京龙眼汽车公司已足额支付了工资，第二个月北京龙眼汽车公司按照北京市最低工资标准发放了生活费，符合法律规定。其次，北京龙眼汽车公司在 6 月对于部分员工待岗的安排并非针对贾先生一人，而是适用公司客户俱乐部所有员工，因此贾先生认为北京龙眼汽车公司此举是借停工为由降低工资待遇属于主观恶意推断，没有证据支持。综上，贾先生要求北京龙眼汽车公司支付全部工资没有法律依据。

【风险提示】

用人单位安排劳动者待岗时需要注意以下两点。

其一，用人单位安排劳动者待岗，需要符合停工、停产的条件，而且须支付工资。如果用人单位以经营困难为由不发工资，劳动者有可能以此为由解除劳动合同，并且索要经济补偿金。

其二，待岗是用人单位面临经营困难而采取的一种临时性措施。实践中，有些用人单位对个别违反用人单位纪律的劳动者要求在家待岗，将待岗作为处分方式，不给劳动者安排工作，也不支付工资。在这种情况下，如果劳动者利用法律途径进行维权，用人单位很可能会面临败诉。

【相关法条】

《工资支付暂行规定》

第十二条　非因劳动者原因造成单位停工、停产在一个工资支付周期内的，用人单位应按劳动合同规定的标准支付劳动者工资。超过一个工资支付周期的，若劳动者提供了正常劳动，则支付给劳动者的劳动报酬不得低于当地的最低工资标准；若劳动者没有提供正常劳动，应按照国家有关规定办理。

《北京市工资支付规定》

第二十七条　非因劳动者本人原因造成用人单位停工、停业的，在一个工资支付周期内，用人单位应当按照提供正常劳动支付劳动者工资；超过一个工资支付周期的，可以根据劳动者提供的劳动，按照双方新约定的标准支付工资，但不得低于本市最低工资标准；用人单位没有安排劳动者工作的，应当按照不低于本市最低工资标准的70%支付劳动者基本生活费。国家或者本市另有规定的从其规定。

3. 用人单位依法安排劳动者加班，加班工资如何支付？

【案情简介】

2022年何先生入职北京越桔科技公司，担任前端开发工程师一职，劳动合同约定每日工作时间为9：00-18：00，每月工资18 000元，于次月10日发放。同年7月，因北京越桔科技公司项目赶进度，何先生每个工作日都加班到晚上12点下班。8月10日发工资时，何先生发现只发了20 475元，于是咨询北京越桔科技公司人事部门关于加班工资的规定。人事部门告诉何先生，北京越桔科技公司加班工资是按照北京市最低工资标准计算的，不是按照劳动合同约定的工资。

【案情分析】

用人单位依法安排劳动者在工作日法定标准工作时间以外延长工作时间的，按照不低于劳动合同规定的劳动者本人小时工资标准的150%支付劳动者工资，用人单位依法安排劳动者在休息日工作，而又不能安排补休的，按照不低于劳动合同规定的劳动者本人日或小时工资标准的200%支付劳动者工资，用人单位依法安排劳动者在法定休假节日工作的，按照不低于劳动合同规定的劳动者本人日或小时工资标准的300%支付劳动者工资。本案中，何先生的劳动合同约定每月工资为18 000

元，北京越桔科技公司应当以 18 000 元为基数计算何先生的加班工资。

【风险提示】

用人单位安排劳动者加班时需注意以下三点。

第一，在计算加班费基数时，应当以劳动合同约定的工资作为基数除以 21.75 作为劳动者的日工资，日工资除以 8 即为劳动者的小时工资，若是工作日安排加班，8 小时以外的，按照 150％计算，休息日加班不能安排补休的，按照 200％计算，法定休假日加班的，按照 300％支付劳动者的加班工资。

第二，完善加班审批制度，未经审批的不视为加班，既能更好地提高员工工作效率，还可以避免劳动者在单位逗留或处理个人私事视为在用人单位加班。

第三，在每月考勤和发放工资时，让劳动者签字确认，并妥善保管考勤表和工资支付表，为防止日后加班工资出现争议保留证据。

【相关法条】

《工资支付暂行规定》

第十三条 用人单位在劳动者完成劳动定额或规定的工作任务后，根据实际需要安排劳动者在法定标准工作时间以外工作的，应按以下标准支付工资：

（一）用人单位依法安排劳动者在日法定标准工作时间以外延长工作时间的，按照不低于劳动合同规定的劳动者本人小时工资标准的150％支付劳动者工资；

（二）用人单位依法安排劳动者在休息日工作，而又不能安排补休的，按照不低于劳动合同规定的劳动者本人日或小时工资标准的200％支付劳动者工资；

（三）用人单位依法安排劳动者在法定休假节日工作的，按照不低于劳动合同规定的劳动者本人日或小时工资标准的300％支付劳动者工资。

实行计件工资的劳动者，在完成计件定额任务后，由用人单位安排延长工作时间的，应根据上述规定的原则，分别按照不低于其本人法定工作时间计件单价的150%、200%、300%支付其工资。

经劳动行政部门批准实行综合计算工时工作制的，其综合计算工作时间超过法定标准工作时间的部分，应视为延长工作时间，并应按本规定支付劳动者延长工作时间的工资。

实行不定时工时制度的劳动者，不执行上述规定。

4. 劳动者法定休假日加班以后，用人单位是否可以以安排补休为由不支付加班费？

【案情简介】

2021年5月，董先生入职北京蓝莓科技公司，担任前端开发工程师一职，劳动合同约定每月工资18 000元，于次月10日发放。同年10月，因项目赶进度，北京蓝莓科技公司安排董先生于10月1日至10月5日加班。10月下旬，项目成功上线后，北京蓝莓科技公司为不支付加班费给董先生安排了5天补休。

【案情分析】

对于加班以后是否能安排补休，法律明确规定，休息日加班用人单位才能安排补休，法定节假日加班不能安排补休，需要支付相应加班费。本案中，董先生于10月1日至10月5日加班，其中10月1日、2日、3日为法定节假日，10月4日、5日为休息日。因此，对于董先生10月1日－3日的加班，北京蓝莓科技公司需要支付3倍工资，对于10月4日－5日的加班，北京蓝莓科技公司可以安排刘先生补休。

【风险提示】

实践中有的用人单位安排劳动者加班，不区分加班时间，一律安排劳动者补休。殊不知这种做法是违法的，可能会被劳动者以拖欠工资为由申请劳动仲裁。用人单位安排劳动者在法定休假日加班的，应当依法支付加班费，而不能通过补休的方式代替支付加班费。

【相关法条】

《中华人民共和国劳动法》

第四十四条　有下列情形之一的，用人单位应当按照下列标准支付高于劳动者正常工作时间工资的工资报酬：

（一）安排劳动者延长工作时间的，支付不低于工资的百分之一百五十的工资报酬；

（二）休息日安排劳动者工作又不能安排补休的，支付不低于工资的百分之二百的工资报酬；

（三）法定休假日安排劳动者工作的，支付不低于工资的百分之三百的工资报酬。

5. 用人单位实行加班审批制度，对劳动者实际加班的事实未审批是否需要支付劳动者加班费？

【案情简介】

2021 年石先生入职北京香蕉科技公司，担任前端开发工程师一职，劳动合同约定每月工资 18 000 元，于次月 10 日发放，同时约定加班需要履行加班审批程序，否则不能被视为有效加班。入职后，北京香蕉科技公司安排石先生加班时，石先生按照规定提交了加班申请单，但北京香蕉科技公司未实际履行审批手续。2022 年 5 月，石先生与北京香蕉科技公司协商解除劳动合同事宜，要求北京香蕉科技公司支付加班费，但北京香蕉科技公司回复"从未加班，何来加班费一说"。石先生不得已提起劳动仲裁要求北京香蕉科技公司支付加班费，并提交了工作日志、与工作相关的沟通记录和会议纪要、考勤等。

【案情分析】

用人单位安排劳动者加班的，应当依法支付加班费。本案中，北京香蕉科技公司未实际履行加班审批手续拒绝支付加班费，但石先生提交的工作日志、与工作相关的沟通记录和会议纪要、考勤等能够证明石先生确实有加班事实存在，因此，北京香蕉科技公司需要依法支付石先生加班费。

【风险提示】

实践中，加班审批制度确实能规避劳动者无效加班的情形，最大限度地保障用人单位的权益，节省用人单位的开支，但部分用人单位也可能会因其处于优势地位，使用加班审批制度侵害劳动者的合法权益。在此提醒用人单位，设置加班审批制度要保证其制度的有效性和审批流程的可操作性，同时要保证其客观性。用人单位若将加班审批制度束之高阁，对其安排劳动者真实的加班不予审批，可能会让劳动者通过其他途径主张加班事实的存在，届时用人单位不仅需支付加班费，可能还会因不按时支付工资，导致劳动者单方面解除劳动合同并要求用人单位支付经济补偿金。

【相关法条】

《中华人民共和国劳动合同法》

第八十五条　用人单位有下列情形之一的，由劳动行政部门责令限期支付劳动报酬、加班费或者经济补偿；劳动报酬低于当地最低工资标准的，应当支付其差额部分；逾期不支付的，责令用人单位按应付金额百分之五十以上百分之一百以下的标准向劳动者加付赔偿金：

（一）未按照劳动合同的约定或者国家规定及时足额支付劳动者劳动报酬的；

（二）低于当地最低工资标准支付劳动者工资的；

（三）安排加班不支付加班费的；

（四）解除或者终止劳动合同，未依照本法规定向劳动者支付经济补偿的。

6. 用人单位可否通过规章制度以罚款的方式扣减劳动者的工资？

【案情简介】

2020 年 2 月，程先生和王先生一起入职于北京指橙科技公司，均担任软件开发研究员，工作内容、级别相同，北京指橙科技公司制度中明确规定，员工之间禁止相互打听、讨论工资事宜，一经发现，罚款 500 元。一次聊天中程先生得知自己的工资比王先生少了 40%，于是开始在同事中打听工资的事情，并鼓动多名员工集体罢工。北京指橙科技公司以程先生违反公司规章制度为由，罚款程先生 500 元，并从当月工资中进行扣减。

【案情分析】

用人单位在制定规章制度时，需要依照法定程序，特别是涉及劳动纪律以及劳动定额管理等直接涉及劳动者切身利益的规章制度或者重大事项时，应当经职工代表大会或者全体职工讨论，提出方案和意见，与工会或者职工代表平等协商确定。用人单位无权对劳动者作出罚款，更不应在制度中出现此类条款。本案中，北京指橙科技公司对程先生罚款 500 元并从当月工资中扣减是违法的。

【风险提示】

用人单位在制定规章制度时，在程序、内容上一定要合法合规，用人单位并不具备罚款的权力，因此切勿对劳动者进行罚款。如果用人单位想通过货币类措施来提高劳动者的工作效率和完善管理，可以通过绩效考核的方式进行约束，根据劳动者的绩效考核结果，按照规定的数额发放绩效工资。

【相关法条】

《中华人民共和国劳动合同法》

第四条（第二款）　用人单位在制定、修改或者决定有关劳动报酬、工作时间、休息休假、劳动安全卫生、保险福利、职工培训、劳动纪律以及劳动定额管理等直接涉及劳动者切身利益的规章制度或者重大事项时，应当经职工代表大会或者全体职工讨论，提出方案和意见，与工会或者职工代表平等协商确定。

7. 用人单位是否可以规定劳动者于年终奖发放前离职的不享有该年度年终奖？

【案情简介】

2018年1月钟先生入职提子科技公司，岗位为软件研发员，劳动合同约定，钟先生在完成全年工作任务后，可享有年终奖，若钟先生中途离职，则不享有该年度年终奖。2019年1月，提子科技公司向钟先生发放了2018年的年终奖。2020年1月，提子科技公司向钟先生发放了2019年的年终奖。2020年9月，钟先生因个人原因向提子科技公司提出离职。此时钟先生尚未完成本年度的工作任务。2021年2月，钟先生因提子科技公司未向其支付2020年的年终奖而发生纠纷，遂向劳动人事争议仲裁委员会提起仲裁，要求提子科技公司支付2020年的年终奖。

【案情分析】

钟先生于2018年1月入职提子科技公司，劳动合同约定钟先生于年终奖发放前离职，则不享有该年度年终奖。2020年9月，钟先生因个人原因离职，该行为系年终奖发放前离职。实践中，用人单位可综合考虑实际经营状况及员工年度业绩表现等因素，自主确定年终奖的发放时间、标准，若用人单位规定年终奖发放前离职的劳动者不能享有年终奖，劳动者中途离职的则不能享有年终奖。故钟先生不能享有 2020 年的年终奖。

【风险提示】

关于年终奖如何发放并没有强制性的法律规定，用人单位可根据自身实际经营情况确定如何发放年终奖，同时发放制度和标准应尽量公平、合理。若用人单位规定员工于年终奖发放前离职的不享有该年度年终奖，则劳动者中途离职的，一般不能享有本年度年终奖，但存在一个例外情形，即劳动者解除劳动合同非因劳动者单方面过失或主动辞职所导致，且劳动者已经完成年度工作任务，用人单位不能证明劳动者的工作业绩及表现不符合年终奖发放标准的，应当支付劳动者年终奖，因此用人单位在发放年终奖时需要综合考虑多方面因素。

【相关法条】

《中华人民共和国劳动法》

第四十七条 用人单位根据本单位的生产经营特点和经济效益，依法自主确定本单位的工资分配方式和工资水平。

国家统计局《关于工资总额组成的规定》

第四条 工资总额由下列六个部分组成：

（一）计时工资；

（二）计件工资；

（三）奖金；

（四）津贴和补贴；

（五）加班加点工资；

（六）特殊情况下支付的工资。

8. 用人单位是否可以单方面调整劳动者薪资构成？

【案情简介】

2020 年 2 月，胡先生入职菠萝科技公司，担任软件开发研究员，劳动合同约定每月工资固定为 8 000 元，工作地点在北京市朝阳区。2022
年 2 月菠萝科技公司因业务调整，未经胡先生同意将胡先生的工资拆分
为岗位工资 6 000 元，绩效工资 2 000 元。2022 年 2 月，胡先生收到的
工资为 6 500 元，经询问得知绩效没有达标，仅发放绩效工资 500 元。
菠萝科技公司的行为是否合法？

【案情分析】

用人单位应当按照劳动合同约定，向劳动者及时足额支付劳动报
酬。胡先生的原薪资为固定薪资 8 000 元/月，后来菠萝科技公司在未与
胡先生协商的情况下擅自调整薪资构成，将薪资构成拆分为固定工资和
绩效工资，致使胡先生的保底工资降低，进而可能导致胡先生实际工资总
额的降低，故菠萝科技公司单方面变更胡先生的薪资构成是不合法的。

【风险提示】

用人单位与劳动者协商一致，可以变更劳动合同约定的内容。变更
劳动合同，应当采用书面形式。劳动者的工资报酬、岗位调整等重大事
宜涉及原劳动合同内容变更时，用人单位务必要和劳动者协商一致，若
用人单位单方面调岗降薪，该行为可能会被认定为缺乏正当性，给用人
单位造成经济损失。

【相关法条】

《中华人民共和国劳动合同法》

第三十条　用人单位应当按照劳动合同约定和国家规定，向劳动者
及时足额支付劳动报酬。

用人单位拖欠或者未足额支付劳动报酬的，劳动者可以依法向当地
人民法院申请支付令，人民法院应当依法发出支付令。

第三十五条（第一款）　用人单位与劳动者协商一致，可以变更劳
动合同约定的内容。变更劳动合同，应当采用书面形式。

六

社保篇

尊敬的 HR 朋友：

您好！

为员工缴纳社保是公司应尽的法律义务，为了降低公司成本，可以不给试用期员工缴纳社保吗？公司能否与员工约定减轻或免除单位缴纳社保费用呢？员工自愿放弃缴纳社保接受企业现金补偿合法吗？关于这些问题您都将从本篇中找到答案。

1. 用人单位在试用期内是否可以不为劳动者缴纳社会保险?

【案情简介】

兰女士在入职青提公司时被告知有 3 个月的试用期，并且在试用期内青提公司不负责缴纳社保。兰女士认为该行为违法，向当地人力资源和社会保障局进行了投诉。

【案情分析】

用人单位在试用期内也应当为劳动者缴纳社保。用人单位应当自用工之日起 30 日为劳动者办理社会保险。同时，根据《劳动合同法》第19 条的规定，试用期包含在劳动合同期限内。用人单位只要开始用工就应当为劳动者依法缴纳社会保险。青提公司在试用期期间不给兰女士缴纳社保是违法的。

【风险提示】

用人单位在试用期内不为劳动者缴纳社保的，劳动者有权单方面解除劳动合同，同时可以向用人单位主张经济补偿金。如果劳动者向社会保险稽查部门投诉用人单位未缴纳社会保险的问题，用人单位不但要补缴劳动者的社会保险，同时还会支付滞纳金，逾期仍不缴纳的，将面临行政罚款。

【相关法条】

《中华人民共和国社会保险法》

第五十八条　用人单位应当自用工之日起三十日内为其职工向社会保险经办机构申请办理社会保险登记。未办理社会保险登记的，由社会保险经办机构核定其应当缴纳的社会保险费。

自愿参加社会保险的无雇工的个体工商户、未在用人单位参加社会保险的非全日制从业人员以及其他灵活就业人员，应当向社会保险经办机构申请办理社会保险登记。

国家建立全国统一的个人社会保障号码。个人社会保障号码为公民身份号码。

第八十六条　用人单位未按时足额缴纳社会保险费的，由社会保险费征收机构责令限期缴纳或者补足，并自欠缴之日起，按日加收万分之五的滞纳金；逾期仍不缴纳的，由有关行政部门处欠缴数额一倍以上三倍以下的罚款。

2. 用人单位和劳动者是否可以约定减轻或免除用人单位缴纳社会保险费用？

【案情简介】

芝士公司连年亏损，想减少人工成本，由于社保每年都会花费公司很大一部分资金，便想减少社保的支出。芝士公司与员工签订书面协议约定：芝士公司不再为员工缴纳社会保险。

【案情分析】

用人单位和劳动者约定减轻或免除用人单位缴纳社会保险费用的条款无效。

缴纳社会保险是用人单位的法定义务，不能通过约定进行免除。《劳动法》第 72 条明确规定，用人单位和劳动者必须依法参加社会保险，缴纳社会保险费。

【风险提示】

对于社会保险缴纳的问题属于法律强制规定的事项，少缴或不缴都可能会引起社保稽查部门的注意，严重的可导致行政处罚，对用人单位来说弊大于利。

【相关法条】

《中华人民共和国劳动法》

第七十二条 社会保险基金按照保险类型确定资金来源，逐步实行社会统筹。用人单位和劳动者必须依法参加社会保险，缴纳社会保险费。

3. 劳动者要求用人单位不缴纳社保而进行现金补贴是否合法？

【案情简介】

胡女士入职草莓公司，在签订劳动合同时申请草莓公司不再办理社会保险，以现金形式补给到每月工资中。后胡女士与草莓公司发生矛盾，胡女士认为草莓公司不缴纳社保的行为违法，向当地人力资源和社会保障局进行了投诉。

【案情分析】

劳动者要求用人单位不缴纳社保，同时在用人单位领取了社保现金补贴。根据法律规定，用人单位和劳动者约定减轻或免除用人单位缴纳社会保险费用的条款无效。缴纳社会保险是用人单位的法定义务，不能通过约定进行免除。故草莓公司以现金补贴形式代替缴纳社保的行为是违法的。

【风险提示】

劳动者要求用人单位不缴纳社保而进行现金补贴的做法会使用人单位面临行政处罚的风险，同时也会导致劳动者后续因社保问题与用人单位发生纠纷。用人单位应当尽到为劳动者缴纳社会保险的法定义务。如果用人单位已向劳动者支付了社保补贴，但劳动者又向当地人力资源和社会保障局进行投诉，则用人单位可以要求劳动者返还已领取的社保补贴。

【相关法条】

《中华人民共和国社会保险法》

第四条　中华人民共和国境内的用人单位和个人依法缴纳社会保险费，有权查询缴费记录、个人权益记录，要求社会保险经办机构提供社会保险咨询等相关服务。

个人依法享受社会保险待遇，有权监督本单位为其缴费情况。

4. 领取失业保险金中的"非本人意愿中断就业"指哪些情形？

【案情简介】

李先生就职于棉花糖公司，今年前两个月工资迟迟没有发，李先生便解除了与棉花糖公司的劳动合同。因失业保险金已经交满一年，便想去领取失业保险，但不知道是不是符合领取失业保险金中的条件。

【案情分析】

李先生解除劳动合同的理由为棉花糖公司违反《劳动合同法》第38

条第1款第2项"未及时足额支付劳动报酬"的情形，劳动者可以解除劳动合同，属于"非本人意愿中断就业"的情形，可以申领失业保险金。

【风险提示】

劳动者应当参加失业保险，如果劳动者失业，且符合以下三个条件的，失业人员可以从失业保险基金中领取失业保险金：（1）失业前用人单位和本人已经缴纳失业保险费满一年的；（2）非因本人意愿中断就业的；（3）已经进行失业登记，并有求职要求的。

其中"非因本人意愿中断就业"不仅包括用人单位解除劳动合同的情形，也包括劳动者解除劳动合同的情形，但仅限于用人单位损害劳动者利益的情况下，如果符合以上情形，建议用人单位配合劳动者领取应得社保待遇。

【相关法条】

《实施〈中华人民共和国社会保险法〉若干规定》

第十三条　失业人员符合社会保险法第四十五条规定条件的，可以申请领取失业保险金并享受其他失业保险待遇。其中，非因本人意愿中断就业包括下列情形：

（一）依照劳动合同法第四十四条第一项、第四项、第五项规定终止劳动合同的；

（二）由用人单位依照劳动合同法第三十九条、第四十条、第四十一条规定解除劳动合同的；

（三）用人单位依照劳动合同法第三十六条规定向劳动者提出解除劳动合同并与劳动者协商一致解除劳动合同的；

（四）由用人单位提出解除聘用合同或者被用人单位辞退、除名、开除的；

（五）劳动者本人依照劳动合同法第三十八条规定解除劳动合同的；

（六）法律、法规、规章规定的其他情形。

《中华人民共和国劳动合同法》

第三十八条　用人单位有下列情形之一的，劳动者可以解除劳动合同：

（一）未按照劳动合同约定提供劳动保护或者劳动条件的；

（二）未及时足额支付劳动报酬的；

（三）未依法为劳动者缴纳社会保险费的；

（四）用人单位的规章制度违反法律、法规的规定，损害劳动者权益的；

（五）因本法第二十六条第一款规定的情形致使劳动合同无效的；

（六）法律、行政法规规定劳动者可以解除劳动合同的其他情形。

用人单位以暴力、威胁或者非法限制人身自由的手段强迫劳动者劳动的，或者用人单位违章指挥、强令冒险作业危及劳动者人身安全的，劳动者可以立即解除劳动合同，不需事先告知用人单位。

七

工伤篇

尊敬的 HR 朋友：

您好！

您公司现在有名员工在工作中受伤，找到公司索赔医疗费，这时您怎么办？应如何辨别这名员工受伤是否构成工伤？如果员工因为工伤导致停工，停工留薪期有多长时间？停工留薪期间的工资待遇如何计算？这些问题都将在本篇中一并得到解答。

1. 哪些情形应当被认定为工伤或者视同工伤？

【案情简介】

张先生于 2021 年入职白菜图书出版公司，岗位为策划编辑。入职转正后的一天早上，张先生准备骑自行车前往地铁站，之后搭乘地铁到公司上班。在小区门口的马路拐角，张先生被一辆闯红灯的摩托车撞倒，导致牙齿脱落多颗，脸上多处受伤，交通责任事故认定书认定张先生无责。张先生认为自己是在去上班的路上发生了交通事故，应该是工伤，于是向社保行政部门申请了工伤认定，而白菜图书出版公司则认为张先生发生交通事故是自己不小心，而且事故地点离公司距离还很远，不能认定为工伤。

【案情分析】

在上下班途中，受到非本人主要责任的交通事故或者城市轨道交通、客运轮渡、火车事故伤害的，应当认定为工伤。张先生在上班途中被一辆闯红灯的摩托车撞倒，交通责任事故认定书认定张先生无责，属于"受到非本人主要责任的交通事故伤害"的情形，应当认定为工伤。

【风险提示】

应当认定为工伤和视同工伤的情形均由法律明文规定，用人单位不能以自己不知情、已提前告知、已通过规章制度规定为由主张免责。其中的绝大多数情形均与工作有关，例如，因工作原因受到事故伤害的，从事工作预备性和收尾性工作受到伤害的，因履行工作职责而受到意外伤害的，等等。可见，认定工伤一般与工作相关联即可，不受时间、空间的严格限制。

【相关法条】

《工伤保险条例》

第十四条　职工有下列情形之一的，应当认定为工伤：

（一）在工作时间和工作场所内，因工作原因受到事故伤害的；

（二）工作时间前后在工作场所内，从事与工作有关的预备性或者收尾性工作受到事故伤害的；

（三）在工作时间和工作场所内，因履行工作职责受到暴力等意外伤害的；

（四）患职业病的；

（五）因工外出期间，由于工作原因受到伤害或者发生事故下落不明的；

（六）在上下班途中，受到非本人主要责任的交通事故或者城市轨道交通、客运轮渡、火车事故伤害的；

（七）法律、行政法规规定应当认定为工伤的其他情形。

第十五条　职工有下列情形之一的，视同工伤：

（一）在工作时间和工作岗位，突发疾病死亡或者在 48 小时之内经抢救无效死亡的；

（二）在抢险救灾等维护国家利益、公共利益活动中受到伤害的；

（三）职工原在军队服役，因战、因公负伤致残，已取得革命伤残军人证，到用人单位后旧伤复发的。

职工有前款第（一）项、第（二）项情形的，按照本条例的有关规定享受工伤保险待遇；职工有前款第（三）项情形的，按照本条例的有关规定享受除一次性伤残补助金以外的工伤保险待遇。

2. 劳动者在工作中因违规操作导致受伤，是否可以被认定为工伤？

【案情简介】

王先生是西瓜模具厂的员工，2022 年 3 月 3 日下午 5 点左右，王先生在西瓜模具工厂的挤压车间更换挤压机模具时，不慎被吊机钩与模具夹伤右手中指，经医院诊断为：右中指末节指骨骨折。后在 4 月 11 日，王先生向当地社保行政部门申请工伤认定，该部门受理后认定为工伤。对此，西瓜模具厂不服，提起行政诉讼，认为：工厂已经多次强调操作流程及注意事项，王先生的操作属于违规操作，进而导致自己受到伤害，不应认定为工伤，社保行政部门认定工伤不合理。

【案情分析】

在工作时间和工作场所内，因工作原因受到事故伤害的，应当认定为工伤。王先生违规操作，不属于《工伤保险条例》第 16 条规定的不得认定为工伤或者视同工伤的除外情形，不影响王先生在工作时间、工作地点、因工作原因受伤的事实认定，故王先生应当认定为工伤。

【风险提示】

劳动者有故意犯罪、醉酒或者吸毒、自残或者自杀的情形的，不得认定为工伤或者视同工伤。劳动者在工作中违章或者违规操作导致自己受到伤害不属于不得认定为工伤或者视同工伤的除外情形，因此违规操作与工伤认定无关，用人单位不可以此为由拒绝为劳动者申请工伤认定或者拒绝承认认定结果。

【相关法条】

《工伤保险条例》

第十六条　职工符合本条例第十四条、第十五条的规定，但是有下列情形之一的，不得认定为工伤或者视同工伤：

（一）故意犯罪的；

（二）醉酒或者吸毒的；

（三）自残或者自杀的。

3. 用人单位应如何支付劳动者因工伤停工留薪期间的工资？

【案情简介】

2019 年，甘先生进入柿子科技公司工作，双方建立劳动关系。同年 8 月，柿子科技公司为甘先生缴纳了工伤保险。2020 年 11 月 9 日，甘先生驾驶摩托车在外出办事回公司途中与周某驾驶的小汽车发生碰撞受伤，2021 年 1 月经当地人力资源和社会保障局认定为工伤，2021 年 2 月经当地劳动能力鉴定委员会鉴定为伤残九级，停工留薪期为 6 个月。后甘先生向劳动人事争议仲裁委员会提出仲裁申请，要求柿子科技公司支付自己停工留薪期间的工资。

【案情分析】

劳动者因工作遭受事故伤害或者患职业病需要暂停工作接受工伤医疗的，在停工留薪期内，原工资福利待遇不变，由所在用人单位按月支付。停工留薪期一般不超过 12 个月；伤情严重或者情况特殊，经设区的市级劳动能力鉴定委员会确认，可以适当延长，但延长不得超过 12 个月。甘先生已被认定为工伤，其劳动能力经鉴定为伤残九级，停工留薪期为 6 个月，柿子科技公司应当按原工资待遇按月向甘先生支付停工留薪期间的工资。

【风险提示】

在停工留薪期间，劳动者虽然并未实际到岗工作，但用人单位仍需要向劳动者按原有的工资福利待遇支付工资。停工留薪其本质系对劳动者因遭受工伤无法从事正常工作而实际减少的收入的补偿。用人单位还应注意停工留薪期中有种特殊情况，即第三人侵权导致工伤，此时劳动者享有两个请求权：一是请求侵权方赔偿误工费，二是请求用人单位支付停工留薪期间的工资。劳动者在得到侵权方赔偿的误工费后，是否还能向用人单位请求支付停工留薪期工资，法律没有明文规定，各地地方政策不同，有补差和兼赔两种方式，用人单位需要注意此情况。

【相关法条】

《工伤保险条例》

第三十三条 职工因工作遭受事故伤害或者患职业病需要暂停工作接受工伤医疗的，在停工留薪期内，原工资福利待遇不变，由所在单位按月支付。

停工留薪期一般不超过 12 个月。伤情严重或者情况特殊，经设区的市级劳动能力鉴定委员会确认，可以适当延长，但延长不得超过 12 个月。工伤职工评定伤残等级后，停发原待遇，按照本章的有关规定享受伤残待遇。工伤职工在停工留薪期满后仍需治疗的，继续享受工伤医疗待遇。

生活不能自理的工伤职工在停工留薪期需要护理的，由所在单位负责。

4. 工伤理赔项目包含哪些?

【案情简介】

于先生任职于大蕉汽修厂，大蕉汽修厂为于先生缴纳了工伤保险。

2021 年 11 月 2 日下午三点在其上班时，因为机器年久失修导致掉落，砸伤了于先生，致使左腿骨折。住院期间，大蕉汽修厂多次与于先生协商工伤理赔项目的问题，始终未能达成一致，双方产生纠纷。

【案情分析】

劳动者在工作时间和工作场所内，因工作原因受到事故伤害的，应当被认定为工伤。工伤理赔项目中，未致残的理赔项目具体包括治疗费、住院伙食补助费、交通食宿费、辅助器具费、生活护理费、停工留薪期工资等。如果经设区的市级劳动能力鉴定委员会确认，评定伤残等级的，除上述补助外还包括伤残津贴、一次性伤残补助金、一次性工伤医疗补助金、一次性伤残就业补助金等。如果因工死亡的，除上述补偿外还包括丧葬补助金、供养亲属抚恤金和一次性工亡补助金等。其中由用人单位支付的包括停工留薪期工资、伤残津贴、一次性伤残就业补助金等。于先生应当先申请工伤认定，再由当地劳动能力鉴定委员会评定是否达到伤残等级标准，根据评定后的伤残等级确定工伤理赔项目。

【风险提示】

用人单位应依法为劳动者缴纳工伤保险，若没有缴纳工伤保险，劳动者一旦发生工伤事故伤害，工伤理赔所有费用都由用人单位承担。工伤理赔项目繁多，且各地区不一，标准各异。在实践中很容易出现计算错误的情况，会为后续劳动者继续理赔而产生纠纷埋下隐患。用人单位在处理劳动者工伤理赔问题上，需要细致，建议用人单位组建自己的法务部或者咨询专业的律师团队，避免因工伤计算出现纠纷。

【相关法条】

《工伤保险条例》

第三十条　职工因工作遭受事故伤害或者患职业病进行治疗，享受工伤医疗待遇。

职工治疗工伤应当在签订服务协议的医疗机构就医，情况紧急时可以先到就近的医疗机构急救。

治疗工伤所需费用符合工伤保险诊疗项目目录、工伤保险药品目录、工伤保险住院服务标准的，从工伤保险基金支付。工伤保险诊疗项目目录、工伤保险药品目录、工伤保险住院服务标准，由国务院社会保险行政部门会同国务院卫生行政部门、食品药品监督管理部门等部门规定。

职工住院治疗工伤的伙食补助费，以及经医疗机构出具证明，报经办机构同意，工伤职工到统筹地区以外就医所需的交通、食宿费用从工伤保险基金支付，基金支付的具体标准由统筹地区人民政府规定。

工伤职工治疗非工伤引发的疾病，不享受工伤医疗待遇，按照基本医疗保险办法处理。

工伤职工到签订服务协议的医疗机构进行工伤康复的费用，符合规定的，从工伤保险基金支付。

第三十二条　工伤职工因日常生活或者就业需要，经劳动能力鉴定委员会确认，可以安装假肢、矫形器、假眼、假牙和配置轮椅等辅助器具，所需费用按照国家规定的标准从工伤保险基金支付。

第三十三条　职工因工作遭受事故伤害或者患职业病需要暂停工作接受工伤医疗的，在停工留薪期内，原工资福利待遇不变，由所在单位按月支付。

停工留薪期一般不超过 12 个月。伤情严重或者情况特殊，经设区的市级劳动能力鉴定委员会确认，可以适当延长，但延长不得超过 12 个月。工伤职工评定伤残等级后，停发原待遇，按照本章的有关规定享受伤残待遇。工伤职工在停工留薪期满后仍需治疗的，继续享受工伤医疗待遇。

生活不能自理的工伤职工在停工留薪期需要护理的，由所在单位负责。

第三十四条　工伤职工已经评定伤残等级并经劳动能力鉴定委员会确认需要生活护理的，从工伤保险基金按月支付生活护理费。

生活护理费按照生活完全不能自理、生活大部分不能自理或者生活部分不能自理3个不同等级支付，其标准分别为统筹地区上年度职工月平均工资的50%、40%或者30%。

第三十五条　职工因工致残被鉴定为一级至四级伤残的，保留劳动关系，退出工作岗位，享受以下待遇：

（一）从工伤保险基金按伤残等级支付一次性伤残补助金，标准为：一级伤残为27个月的本人工资，二级伤残为25个月的本人工资，三级伤残为23个月的本人工资，四级伤残为21个月的本人工资。

（二）从工伤保险基金按月支付伤残津贴，标准为：一级伤残为本人工资的90%，二级伤残为本人工资的85%，三级伤残为本人工资的80%，四级伤残为本人工资的75%。伤残津贴实际金额低于当地最低工资标准的，由工伤保险基金补足差额

（三）工伤职工达到退休年龄并办理退休手续后，停发伤残津贴，按照国家规定享受基本养老保险待遇，基本养老保险待遇低于伤残津贴的由工伤保险基金补足差额。

职工因工致残被鉴定为一级至四级伤残的，由用人单位和职工个人以伤残津贴为基数，缴纳基本医疗保险费。

第三十六条　职工因工致残被鉴定为五级、六级伤残的，享受以下待遇：

（一）从工伤保险基金按伤残等级支付一次性伤残补助金，标准为：五级伤残为18个月的本人工资，六级伤残为16个月的本人工资；

（二）保留与用人单位的劳动关系，由用人单位安排适当工作。难以安排工作的，由用人单位按月发给伤残津贴，标准为：五级伤残为本人工资的70%，六级伤残为本人工资的60%，并由用人单位按照规定为其缴纳应缴纳的各项社会保险费。伤残津贴实际金额低于当地最低工

资标准的，由用人单位补足差额。

经工伤职工本人提出，该职工可以与用人单位解除或者终止劳动关系，由工伤保险基金支付一次性工伤医疗补助金，由用人单位支付一次性伤残就业补助金。一次性工伤医疗补助金和一次性伤残就业补助金的具体标准由省、自治区、直辖市人民政府规定。

第三十七条　职工因工致残被鉴定为七级至十级伤残的，享受以下待遇：

（一）从工伤保险基金按伤残等级支付一次性伤残补助金，标准为：七级伤残为 13 个月的本人工资，八级伤残为 11 个月的本人工资，九级伤残为 9 个月的本人工资，十级伤残为 7 个月的本人工资；

（二）劳动、聘用合同期满终止，或者职工本人提出解除劳动、聘用合同的，由工伤保险基金支付一次性工伤医疗补助金，由用人单位支付一次性伤残就业补助金。一次性工伤医疗补助金和一次性伤残就业补助金的具体标准由省、自治区、直辖市人民政府规定。

第三十八条　工伤职工工伤复发，确认需要治疗的，享受本条例第三十条、第三十二条和第三十三条规定的工伤待遇。

第三十九条　职工因工死亡，其近亲属按照下列规定从工伤保险基金领取丧葬补助金、供养亲属抚恤金和一次性工亡补助金：

（一）丧葬补助金为 6 个月的统筹地区上年度职工月平均工资

（二）供养亲属抚恤金按照职工本人工资的一定比例发给由因工死亡职工生前提供主要生活来源、无劳动能力的亲属。标准为：配偶每月 40%，其他亲属每人每月 30%，孤寡老人或者孤儿每人每月在上述标准的基础上增加 10%。核定的各供养亲属的抚恤金之和不应高于因工死亡职工生前的工资。供养亲属的具体范围由国务院社会保险行政部门规定

（三）一次性工亡补助金标准为上一年度全国城镇居民人均可支配收入的 20 倍。

伤残职工在停工留薪期内因工伤导致死亡的，其近亲属享受本条第

一款规定的待遇。

一级至四级伤残职工在停工留薪期满后死亡的，其近亲属可以享受本条第一款第（一）项、第（二）项规定的待遇。

第四十条　伤残津贴、供养亲属抚恤金、生活护理费由统筹地区社会保险行政部门根据职工平均工资和生活费用变化等情况适时调整。调整办法由省、自治区、直辖市人民政府规定。

第四十一条　职工因工外出期间发生事故或者在抢险救灾中下落不明的，从事故发生当月起 3 个月内照发工资，从第 4 个月起停发工资，由工伤保险基金向其供养亲属按月支付供养亲属抚恤金。生活有困难的，可以预支一次性工亡补助金的 50%。职工被人民法院宣告死亡的，按照本条例第三十九条职工因工死亡的规定处理。

5. 劳动者因工受伤后在停工留薪期内，用人单位能否无故解除劳动合同？

【案情简介】

李先生于 2021 年 9 月入职南瓜快递公司，岗位为快递员，双方签订劳动合同，合同期限为 2021 年 9 月至 2024 年 9 月，入职后，南瓜快递公司依法为李先生缴纳了社保。2022 年 5 月 3 日，李先生在开快递车送快递的路上，在路口拐弯处与一辆家用轿车发生了碰撞，导致快递车侧翻，李先生躲避不及，被快递车把胳膊压骨折了，交通事故认定为对方负主要责任。住院治疗后，医生诊断，李先生需要静养 5 个月，其间不能再搬运货物。其间李先生申请了工伤认定，南瓜快递公司认为李先生静养会导致岗位闲置，所以打算支付给李先生一笔补偿并解除劳动合同，李先生认为自己只是需要静养一段时间，并不意味着自己再也无法工作，不同意解除劳动合同。于是双方发生争议。

【案情分析】

劳动者因工受伤后，在停工留薪期内其原工资福利待遇不变，用人单位也不得无故与其解除劳动关系。李先生目前还处于治疗中，且有诊断证明需要休息 5 个月，尚处于停工留薪期内，所以南瓜快递公司在该期间内不得与李先生解除劳动关系。

【风险提示】

劳动者因工受伤后，停工留薪期内用人单位不得无故解除劳动关系，如此期间内劳动合同到期，则合同期限应相应顺延至工伤情形消失。

如果工伤认定后且经劳动能力鉴定确认丧失或部分丧失劳动能力的，用人单位不得依据《劳动合同法》第 40 条、第 41 条以非过失性及经济性裁员解除劳动关系。

工伤特殊性规定是对劳动者的一种底线性保护，在劳动者发生工伤后，能够基于法律规定通过用人单位发挥一定的社会保障和人文关怀作用，在一定程度上讲，对用人单位的形象塑造和长远发展有积极作用，所以用人单位在劳动者发生工伤后与其解除劳动合同时一定要慎重。

【相关法条】

《中华人民共和国劳动合同法》

第四十二条 劳动者有下列情形之一的，用人单位不得依照本法第四十条、第四十一条的规定解除劳动合同：

………………

（二）在本单位患职业病或者因工负伤并被确认丧失或者部分丧失劳动能力的；

………………

《工伤保险条例》

第三十三条（第一款） 职工因工作遭受事故伤害或者患职业病需要暂停工作接受工伤医疗的，在停工留薪期内，原工资福利待遇不变，由所在单位按月支付。

6. 用人单位是否可以与发生工伤的劳动者协商达成一揽子协议?

【案情简介】

程先生为北京香蕉汽车制造公司的员工,岗位为操作员。2021年6月5日下午4点,程先生操作的机器因为长时间高温运作而罢工,在程先生维修时,该机器突然运作了5秒钟,导致程先生躲闪不及,右手食指和中指被机器压住,后经医院鉴定为粉碎性骨折。北京香蕉汽车制造公司得知事故发生后,第一时间将程先生送至医院,并将程先生的医药费、住院费等全额支付,同时开始申请工伤认定。后北京香蕉汽车制造公司跟程先生协商表示,目前正是订单高峰期,岗位不能缺人,想找一个临时工代替程先生的岗位,同时北京香蕉汽车制造公司表示,治疗期间,工资照发,若程先生身体康复,可以随时回到原岗位,程先生表示理解并同意。于是程先生与北京香蕉汽车制造公司签订了一份协议,内容包括暂时停岗通知、按照法定标准计算工伤补偿项目、工资发放以及后续医疗费用等。

【案情分析】

劳动者发生工伤后,用人单位可以与劳动者协商签订一揽子协议,但该协议不得违反法律、行政法规的强制性规定,不得存在欺诈、胁迫、乘人之危、重大误解之情形,且约定的给付标准不得低于劳动者应当享受的工伤保险待遇标准。北京香蕉汽车制造公司与程先生可以协商签订一揽子协议,但给付的标准不得低于程先生应当享受的工伤保险待遇标准。

【风险提示】

劳动者发生工伤后,用人单位可以协商与劳动者签订一揽子协议,但前提是该协议属于双方意思表示真实的协议,不可出现欺诈、胁迫、恶意串通、乘人之危等能够使合同无效的事由,否则该一揽子协议自始无效。工伤赔偿区别于一般的民事赔偿，用人单位在协商时最好按照规定的工伤保险项目和标准支付费用。如果用人单位与劳动者就工伤保险待遇达成的一揽子协议在履行完毕后，劳动者以双方约定的给付标准低于法定标准为由，在仲裁时效内要求用人单位按法定标准补足差额部分的，用人单位仍应支付相应的工资差额。

用人单位在已经认定工伤和评定伤残等级的情况下与劳动者签订一揽子协议，应避免劳动者因信息不对称而随意处分权利导致合同无效情形的出现。同时，用人单位应按照约定履行协议内容，避免后续纠纷产生。

【相关法条】

最高人民法院《关于审理劳动争议案件适用法律问题的解释（一）》

第三十五条　劳动者与用人单位就解除或者终止劳动合同办理相关手续、支付工资报酬、加班费、经济补偿或者赔偿金等达成的协议，不违反法律、行政法规的强制性规定，且不存在欺诈、胁迫或者乘人之危情形的，应当认定有效。

前款协议存在重大误解或者显失公平情形，当事人请求撤销的，人民法院应予支持。

《中华人民共和国民法典》

第一百四十三条　具备下列条件的民事法律行为有效：

（一）行为人具有相应的民事行为能力；

（二）意思表示真实；

（三）不违反法律、行政法规的强制性规定，不违背公序良俗。

八

离职篇

尊敬的 HR 朋友：

您好！

在现代社会，员工与用人单位之间的关系不再像过去那样一朝入职，终生绑定，双方之间是双向选择的。当任何一方觉得不再合适时，双方之间的劳动关系可能就会终止。终止的情形多种多样，有员工自愿离职、用人单位辞退员工、双方的劳动合同到期等，但是不管是哪种情形，其中涉及的法律风险都需要合理避免，具体有哪些，本篇将详细论述。

1. 用人单位已收到劳动者的辞职申请后，劳动者是否还可以撤回？

【案情简介】

赵先生系青提公司的员工，于 2019 年 9 月 10 日入职，从事会计一职。双方签订为期 3 年的劳动合同。2020 年 10 月 15 日，赵先生在 OA 系统向青提公司提交辞职信，表示因个人原因将于 31 日离职。2020 年 10 月 28 日，因两周时间找工作无果，赵先生觉得自己辞职太过于冲动，向青提公司人力资源部发出电子邮件，表示收回此前提交的辞职信。青提公司人力资源部门表示，公司已经招聘新员工，不同意赵先生撤销辞职信，通知赵先生按期办理工作交接和离职手续并于 2020 年 11 月 1 日向赵先生出具了离职证明。赵先生认为其尚未离职，也没有办理工作交接，劳动合同尚在有效期内，故向劳动人事争议仲裁委员会提出申请，要求与青提公司继续履行劳动合同。

【案情分析】

法律规定劳动者在劳动关系中有单方面解除权，在非试用期的劳动者，只要提前 30 日以书面形式通知用人单位即可解除劳动合同，即劳动者单方面辞职行为并不需要用人单位的批准或同意，自解除劳动关系的意思表示到达用人单位时即发生法律效力。赵先生通过办公系统递交辞职信，已完成单方面解除劳动合同的意思表示，如果赵先生撤回辞职信的意思表示同时或早于辞职信到达青提公司，则可以发生撤回的效力，否则赵先生本身并不享有单方面撤销辞职信的权利。赵先生于 2020 年 10 月 15 日递交辞职信，青提公司已经确认收到，故赵先生在 2020 年 10 月 28 日申请撤回不发生效力。虽然双方还未办理离职工作交接，但并不影响劳动关系的解除，故赵先生主张继续履行劳动合同没有法律依据。

【风险提示】

用人单位收到劳动者的辞职申请后，如用人单位无继续留用之意，在进行离职流程时应注意以下几点。

首先，用人单位在收到劳动者的辞职申请后应第一时间保存相关证据材料，例如劳动者本人签字的辞职信或办公系统或邮件中收到的劳动者的辞职信，并且以书面形式向劳动者确认其辞职行为。

其次，用人单位在确认了劳动者的辞职行为后，应按照《劳动法》相关规定为劳动者办理离职手续，出具解除或终止劳动合同证明，并及时为劳动者办理社保、档案等转移手续。

最后，如果劳动者提交辞职信后又反悔的，而用人单位确实无留用之意，建议以书面形式告知用人单位的决定，并保留相关证据。

【相关法条】

《中华人民共和国劳动合同法》

第三十七条　劳动者提前三十日以书面形式通知用人单位，可以解除劳动合同。劳动者在试用期内提前三日通知用人单位，可以解除劳动合同。

《中华人民共和国民法典》

第一百四十一条　行为人可以撤回意思表示。撤回意思表示的通知应当在意思表示到达相对人前或者对意思表示同时到达相对人。

2. 用人单位为劳动者出具的离职证明应载明哪些事项？

【案情简介】

吴先生于 2019 年 6 月 3 日从香梨公司离职。2019 年 7 月 5 日吴先生通过面试欲入职雪梨公司，雪梨公司要求吴先生提交从香梨公司离职的证明，但香梨公司给吴先生出具的离职证明中写有"吴先生在职期间与同事关系不和谐、工作效率低下"等内容，雪梨公司在收到吴先生提供的离职证明后，通过邮件明确告知吴先生因为离职证明的内容，雪梨公司决定不予录用吴先生。吴先生心中不服，要求香梨公司赔偿因未能开具合法离职证明造成未能再次就业的损失。

【案情分析】

用人单位在劳动者离职后有开具离职证明的法定义务。香梨公司虽然为吴先生开具了离职证明，但是离职证明内包含了一些主观性内容，严重影响吴先生找新工作，并且吴先生有直接证据证明该离职证明导致吴先生未能入职新单位雪梨公司，故香梨公司应承担吴先生未能入职新单位雪梨公司的相应损失。

【风险提示】

根据《劳动合同法实施条例》，用人单位在为劳动者出具离职证明时，其离职证明的内容应当载明如下事项：劳动合同期限、解除或者终止劳动合同的日期、工作岗位性质、在用人单位的工作年限。此外，离职证明还可以载明以下内容。

其一，劳动者的离职性质。劳动者的离职性质是指用人单位与劳动者之间解除或终止劳动关系的方式，一般来说，离职证明上可以载明主动离职、协商离职、经济性裁员等。在此用人单位需要注意的是，离职证明上离职性质要与离职事实一致，这样可避免或降低在双方解除劳动关系后的劳动争议风险。

其二，劳动者的竞业限制与保密义务情况。离职后是否需要劳动者履行竞业限制与保密义务情况不仅原用人单位需要关注，新用人单位也会格外关注此类情形。需要履行竞业限制与保密义务的劳动者如果入职的新单位与原单位存在竞争关系，而新单位不知道此情形，则很可能会引发知识产权纠纷或者劳动纠纷。如果在其离职证明上载明劳动者的竞业限制与保密义务情况，新用人单位将会第一时间知晓该情形，有利于保护原用人单位的商业秘密和降低新单位知识产权纠纷或者劳动纠纷风险。

此外，用人单位需要特别注意的是，离职证明内容不宜出现对劳动者主观性的不利评价，如劳动者因离职证明内容而再就业受影响的，用人单位可能会承担赔偿责任。

【相关法条】

《中华人民共和国劳动合同法实施条例》

第二十四条　用人单位出具的解除、终止劳动合同的证明，应当写明劳动合同期限、解除或者终止劳动合同的日期、工作岗位、在本单位的工作年限。

3. 用人单位提出与劳动者协商一致解除劳动合同的，是否需要支付经济补偿金？

【案情简介】

方先生于2015年8月26日入职哈密瓜公司，担任设计师一职，工资标准为每月20 000元。双方约定劳动合同期限为5年。2018年9月6日，哈密瓜公司因经济状况不佳，于是与方先生协商一致解除劳动合同，但是并没有支付方先生经济补偿金。因此，方先生向当地劳动人事争议仲裁委员会申请仲裁，要求哈密瓜公司支付经济补偿金。

【案情分析】

用人单位向劳动者提出解除劳动合同，并与劳动者协商一致解除劳动合同的，用人单位应向劳动者支付经济补偿金。哈密瓜公司提出与方先生解除劳动合同，后双方协商一致解除劳动合同，哈密瓜公司应当向方先生支付经济补偿金。

【风险提示】

用人单位向劳动者提出解除劳动合同时，应与劳动者协商一致并签订书面协议，协议内容最好明确具体，可将工资、加班费、年休假、经济补偿金等一揽子事项约定清楚，同时可约定在劳动存续关系期间双方无任何争议和纠纷，避免因协议约定不明确而导致劳动纠纷产生。

【相关法条】

《中华人民共和国劳动合同法》

第四十六条　有下列情形之一的，用人单位应当向劳动者支付经济补偿：

（一）劳动者依照本法第三十八条规定解除劳动合同的；

（二）用人单位依照本法第三十六条规定向劳动者提出解除劳动合

同并与劳动者协商一致解除劳动合同的；

（三）用人单位依照本法第四十条规定解除劳动合同的；

（四）用人单位依照本法第四十一条第一款规定解除劳动合同的；

（五）除用人单位维持或者提高劳动合同约定条件续订劳动合同，劳动者不同意续订的情形外，依照本法第四十四条第一项规定终止固定期限劳动合同的；

（六）依照本法第四十四条第四项、第五项规定终止劳动合同的；

（七）法律、行政法规规定的其他情形。

4. 用人单位在哪些法定情形下解除或终止劳动合同需要支付经济补偿"N＋1"？

【案情简介】

杨先生于 2015 年 9 月 1 日入职果冻广告公司，担任广告设计师一职，工资为每月 10 000 元。因杨先生对该领域的业务不是很熟练，未能按照客户要求期限提交劳动成果，于是果冻广告公司为杨先生安排了两次专业培训，但是杨先生还是无法胜任该职位。最后果冻广告公司于 2016 年 4 月 2 日以杨先生未能胜任工作且经培训后仍不能胜任工作为由，通知杨先生于当天解除双方劳动关系。随后杨先生提请劳动仲裁，要求支付经济补偿金及未能提前 30 天通知解除劳动关系待通知金共计 20 000 元。

【案情分析】

杨先生未能按照果冻广告公司要求的期限交付劳动成果，原因系杨先生对于业务领域不熟练，于是果冻广告公司即安排专业培训，但是经过两次培训杨先生仍未能胜任工作，果冻广告公司可以依据《劳动合同法》相关规定解除双方劳动关系，但是在该种情形下，果冻广告解除双方劳动关系需要提前 30 天通知杨先生或者额外支付 1 个月工资，故劳动人事争议仲裁委员会支持了杨先生的请求。

【风险提示】

用人单位依法解除或终止劳动合同有可能支付经济补偿"N＋1"的情形包括：

（1）劳动者患病或者非因工负伤，在规定的医疗期满后不能从事原工作，也不能从事由用人单位另行安排的工作的；（2）劳动者不能胜任工作，经过培训或者调整工作岗位，仍不能胜任工作的；（3）劳动合同订立时所依据的客观情况发生重大变化，致使劳动合同无法履行，经用人单位与劳动者协商，未能就变更劳动合同内容达成协议的。

当用人单位以上述情形提出与劳动者解除劳动合同时，应当支付劳动者"N＋1"的补偿金，"N"是指根据劳动者在本用人单位工作的年限，以每满1年支付1个月工资的标准向劳动者支付。6个月以上不满1年的，按1年计算；不满6个月的，向劳动者支付半个月工资的经济补偿。"1"是指用人单位提前30日以书面形式通知劳动者本人或者额外支付劳动者1个月工资。

另外，根据每个省份的不同规定，有个别地区在特定情形下也须提前30天通知。拿北京市举例，劳动合同期限届满前，用人单位应当提前30日将终止或者续订劳动合同意向以书面形式通知劳动者，协商办理终止或者续订劳动合同手续，终止劳动合同未提前30日通知劳动者的，以劳动者上月日平均工资为标准，每延迟1日支付劳动者1日工资的赔偿金。

【相关法条】

《中华人民共和国劳动合同法》

第四十条　有下列情形之一的，用人单位提前三十日以书面形式通知劳动者本人或者额外支付劳动者一个月工资后，可以解除劳动合同：

（一）劳动者患病或者非因工负伤，在规定的医疗期满后不能从事原工作，也不能从事由用人单位另行安排的工作的；

（二）劳动者不能胜任工作，经过培训或者调整工作岗位，仍不能胜任工作的；

（三）劳动合同订立时所依据的客观情况发生重大变化，致使劳动合同无法履行，经用人单位与劳动者协商，未能就变更劳动合同内容达成协议的。

5. 用人单位在哪些法定情形下解除或终止劳动合同需要支付经济补偿"N"？

【案情简介】

徐女士于 2015 年 8 月 26 日入职柿子公司，担任商务专员一职，工资标准为每月 20 000 元。双方约定劳动合同期限为 5 年。2018 年 9 月 6 日，柿子公司因经济状况不佳，于是与徐女士协商一致解除劳动合同，但是并没有支付徐女士经济补偿金。因此，徐女士向当地劳动人事争议仲裁委员会申请仲裁，要求柿子公司支付经济补偿金。

【案情分析】

劳动合同虽然受《劳动法》《劳动合同法》特别保护，但是也属于一种合同形式，在一方提出、双方达成一致的情形下，可以经协商一致解除双方的劳动关系。但是如果是用人单位方率先提出解除双方劳动关系的，用人单位应当在解除劳动合同时支付经济补偿金。本案中柿子公司提出与徐女士协商一致解除劳动合同，因此柿子公司应当根据徐女士的工作年限支付相应的经济补偿金。

【风险提示】

用人单位向劳动者提出解除劳动合同时，一定要注意解除的理由和情形是什么。用人单位在一些特定的"非过错"的情况下解除双方劳动关系依据法律规定要支付经济补偿金，即俗称的支付"N"。根据相关法律规定，公司依法解除或者终止劳动合同要支付经济补偿金"N"的情形有以下 15 种情形。

（1）用人单位向劳动者提出，并与劳动者协商一致解除劳动合同的；

（2）劳动者患病或者非因工负伤，在规定的医疗期满后不能从事原工作，也不能从事由用人单位另行安排的工作，用人单位提前 30 日以书面形式通知劳动者本人后解除劳动合同的；

（3）劳动者不能胜任工作，经过培训或者调整工作岗位，仍不能胜任工作，用人单位提前 30 日以书面形式通知劳动者本人后解除劳动合同的；

（4）劳动合同订立时所依据的客观情况发生重大变化，致使劳动合同无法履行，经用人单位与劳动者协商，未能就变更劳动合同内容达成协议，用人单位提前 30 日以书面形式通知劳动者本人后解除劳动合同的；

（5）用人单位依照企业破产法规定进行重整，依法裁减人员的；

（6）用人单位生产经营发生严重困难，依法裁减人员的；

（7）企业转产、重大技术革新或者经营方式调整，经变更劳动合同后，仍需裁减人员，用人单位依法定程序裁减人员的；

（8）其他因劳动合同订立时所依据的客观经济情况发生重大变化，致使劳动合同无法履行，用人单位依法定程序裁减人员的；

（9）劳动合同期满，用人单位终止固定期限劳动合同的；

（10）因用人单位被依法宣告破产而终止劳动合同的；

（11）因用人单位被吊销营业执照而终止劳动合同的；

（12）因用人单位被责令关闭而终止劳动合同的；

（13）因用人单位被撤销而终止劳动合同的；

（14）因用人单位决定提前解散而终止劳动合同的；

（15）以完成一定工作任务为期限的劳动合同因任务完成而终止劳

动合同的。

需要提醒 HR 注意的是，以上情形下"N"的使用，不仅要有相关证据证明符合上述情形，还要在使用的时候注意法律规定中的程序性事宜，比如不能胜任工作情形下要保留充分的员工未能胜任工作的证据，等等。

【相关法条】

《中华人民共和国劳动合同法》

第四十条　有下列情形之一的，用人单位提前三十日以书面形式通知劳动者本人或者额外支付劳动者一个月工资后，可以解除劳动合同：

（一）劳动者患病或者非因工负伤，在规定的医疗期满后不能从事原工作，也不能从事由用人单位另行安排的工作的；

（二）劳动者不能胜任工作，经过培训或者调整工作岗位，仍不能胜任工作的；

（三）劳动合同订立时所依据的客观情况发生重大变化，致使劳动合同无法履行，经用人单位与劳动者协商，未能就变更劳动合同内容达成协议的。

第四十一条　有下列情形之一，需要裁减人员二十人以上或者裁减不足二十人但占企业职工总数百分之十以上的，用人单位提前三十日向工会或者全体职工说明情况，听取工会或者职工的意见后，裁减人员方案经向劳动行政部门报告，可以裁减人员：

（一）依照企业破产法规定进行重整的；

（二）生产经营发生严重困难的；

（三）企业转产、重大技术革新或者经营方式调整，经变更劳动合同后，仍需裁减人员的；

（四）其他因劳动合同订立时所依据的客观经济情况发生重大变化，致使劳动合同无法履行的。

第四十四条　有下列情形之一的，劳动合同终止：

（一）劳动合同期满的；

（二）劳动者开始依法享受基本养老保险待遇的；

（三）劳动者死亡，或者被人民法院宣告死亡或者宣告失踪的；

（四）用人单位被依法宣告破产的；

（五）用人单位被吊销营业执照、责令关闭、撤销或者用人单位决定提前解散的；

（六）法律、行政法规规定的其他情形。

第四十六条 有下列情形之一的，用人单位应当向劳动者支付经济补偿：

（一）劳动者依照本法第三十八条规定解除劳动合同的；

（二）用人单位依照本法第三十六条规定向劳动者提出解除劳动合同并与劳动者协商一致解除劳动合同的；

（三）用人单位依照本法第四十条规定解除劳动合同的；

（四）用人单位依照本法第四十一条第一款规定解除劳动合同的；

（五）除用人单位维持或者提高劳动合同约定条件续订劳动合同，劳动者不同意续订的情形外，依照本法第四十四条第一项规定终止固定期限劳动合同的；

（六）依照本法第四十四条第四项、第五项规定终止劳动合同的；

（七）法律、行政法规规定的其他情形。

6. 用人单位支付经济补偿金时，应如何计算基数？

【案情简介】

张先生于 2016 年 6 月入职奶糖酒店从事服务员的工作，月工资为 4 500 元。2020 年 2 月，因为疫情的原因，奶糖酒店的收入大幅度降低。在撑了两个月之后，奶糖酒店无力负担开店费用，决定闭店，于 2020 年 4 月 15 日与全部员工协商解除劳动合同，员工同意解除劳动合同，但是部分员工对于补偿事宜提出不满。张先生向奶糖酒店主张经济补偿金，奶糖酒店表示只能给一个月工资作为补偿。张先生表示不能接受，遂向劳动人事争议仲裁委员会申请仲裁。

【案情分析】

本案属于用人单位提出与劳动者解除劳动关系，经双方协商一致解除劳动关系的情形，用人单位应当支付经济补偿金，但是经济补偿金如何计算呢？

关于经济补偿金的计算基数为劳动者在劳动合同解除或者终止前 12 个月的平均工资，该平均工资一般包含绩效、津贴、加班费、奖金等货币性收入，以及包含个人缴纳的社会保险、住房公积金和个人所得税的应得工资。

计算方式为：按劳动者在本单位工作的年限，每满一年支付一个月工资的标准向劳动者支付。6 个月以上不满一年的，按一年计算；不满 6 个月的，向劳动者支付半个月工资的经济补偿。

张先生于 2016 年 6 月入职奶糖酒店，2020 年 4 月 15 日解除劳动关系，工作年限为 3 年 10 个月，应该支付 4 个月的工资作为补偿；张先生离职前 12 个月的平均工资根据案情可计算为 4 500 元。故奶糖酒店应当向张先生支付经济补偿金 18 000（4 500×4）元。

【风险提示】

劳动者或者用人单位按照法律规定进行解除劳动合同时，"用人单位应当向劳动者支付经济补偿金"是指用人单位"应当"支付，而不是"可以"支付。所以，用人单位在这种情况下，应当主动选择承担按时足额支付的责任，否则，会陷入被劳动仲裁的风险，对用人单位造成其他损失。

【相关法条】

《中华人民共和国劳动合同法》

第四十七条　经济补偿按劳动者在本单位工作的年限，每满一年支付一个月工资的标准向劳动者支付。六个月以上不满一年的，按一年计算；不满六个月的，向劳动者支付半个月工资的经济补偿。

劳动者月工资高于用人单位所在直辖市、设区的市级人民政府公布的本地区上年度职工月平均工资三倍的，向其支付经济补偿的标准按职工月平均工资三倍的数额支付，向其支付经济补偿的年限最高不超过十二年。

本条所称月工资是指劳动者在劳动合同解除或者终止前十二个月的平均工资。

国家统计局《关于工资总额组成的规定》

第四条 工资总额由下列六个部分组成：

（一）计时工资；

（二）计件工资；

（三）奖金；

（四）津贴和补贴；

（五）加班加点工资；

（六）特殊情况下支付的工资。

7. 用人单位违法解除劳动合同支付违法解除赔偿金的计算标准和方法

【案情简介】

咸先生于 2021 年 4 月入职小辣椒互联网公司，岗位为高级工程师，工作内容为研发软件及 APP 应用，月工资标准为 35 000 元。在 2022 年年初时，小辣椒互联网公司接到了一个橙子手机应用商店 APP 软件开发的项目，咸先生作为高级工程师带领团队完成了研发任务。但该软件上线橙子手机应用商店后，因违反相关规定被封禁，甲方认为软件被封禁的原因在于产品研发，遂起诉小辣椒互联网公司返还已支付的研发费用，致使小辣椒互联网公司遭受了很大损失。小辣椒互联网公司认为，戚先生作为研发部领导，工作能力低下，随即于 2022 年 8 月 30 日向戚先生发放了辞退通知书。戚先生不服，申请劳动仲裁，要求小辣椒互联网公司赔偿违法解除劳动合同的赔偿金。

【案情分析】

小辣椒互联网公司解除与戚先生劳动关系的理由为"戚先生工作能力低下"，但是没有相关证据能佐证戚先生不胜任工作，不符合用人单位合法解除劳动关系的情形，小辣椒互联网公司应当支付违法解除赔偿金。

违法解除赔偿金数额的计算标准为依照法律规定计算经济补偿金标准的 2 倍，戚先生 2021 年 4 月入职，至 2022 年 8 月 30 日解除劳动关系，工作年限为 1 年 4 个月，应按照 1.5 倍的标准计算经济补偿金的数额，再结合戚先生 35 000 元/月的工资标准，故小辣椒互联网公司应支付赔偿数额为 105 000（月工资 35 000 元×工作年限 1.5×2）元。

【风险提示】

劳动法领域用人单位支付"补偿金"和"赔偿金"虽然字面上仅有一字之差，但实际区别却是非常大的。补偿金是用人单位对劳动者的一定补偿；赔偿金是因为用人单位在解除双方劳动关系上存在主观恶意的过错，而给予劳动者的赔偿。

从计算标准来说违法解除赔偿金是双倍的补偿金，对用人单位来说，辞退劳动者在一定程度上已经是一笔损失，建议 HR 在辞退劳动者时能把控风险，避免损失扩大。

【相关法条】

《中华人民共和国劳动合同法》

第八十七条　用人单位违反本法规定解除或者终止劳动合同的，应当依照本法第四十七条规定的经济补偿标准的二倍向劳动者支付赔偿金。

8. 用人单位因违法解除劳动合同被撤销并被要求继续履行劳动合同，对于违法解除决定作出至仲裁或诉讼期间劳动者的工资损失，用人单位是否需要支付？

【案情简介】

孙女士于 2016 年 3 月入职北京红灯笼建设公司，签订无固定期限劳动合同，后北京红灯笼建设公司与北京大马灯建设公司在 2021 年 1 月合并为北京大灯笼建设公司。合并后的北京大灯笼建设公司给包括孙女士在内的所有中层员工发送了一份待岗培训一年的通知书。2022 年 2 月，在即将结束待岗服务期的时候，孙女士收到了"解除劳动合同通知书"，孙女士对此不认可，随即向劳动人事争议仲裁委员会申请仲裁，要求继续履行劳动合同。案件历经仲裁、一审、二审，法院最终判决双方继续履行劳动合同。后孙女士又向劳动人事争议仲裁委员会申请，要求北京大灯笼建设公司支付整个仲裁和诉讼期间的工资，北京大灯笼建设公司陷入了深思。

【案情分析】

用人单位因违法解除劳动合同，导致劳动者无法正常上班，若被劳动人事争议仲裁委员会裁定或法院判决继续履行，自用人单位的违法解除决定作出后至仲裁或诉讼期间劳动者的工资损失应由用人单位承担赔偿责任。经法院审判确定，北京大灯笼建设公司解除与孙女士劳动关系系违法解除，支持孙女士要求继续履行劳动合同的请求。孙女士请求支付仲裁和诉讼期间的工资，属于用人单位北京大灯笼建设公司违法解除劳动合同给孙女士造成的损失，应由北京大灯笼建设公司承担赔偿责任。

【风险提示】

在违法解除劳动合同时，无论是用人单位还是劳动者一方，给对方造成实际损失的，均应承担赔偿损失的责任。因违法解除劳动合同，导致劳动者无法正常上班，若被仲裁裁定或法院判决继续履行，对于违法解除决定作出后至仲裁或诉讼期间的工资用人单位应承担赔偿责任。用人单位对于该部分风险应提前掌握，若没有充足证据证明劳动者存在过错的情况下，不要轻易辞退劳动者。对于用人单位的违法解除决定作出后至仲裁或诉讼期间的工资标准问题，不同地区有不同的计算方法，建议 HR 在涉及相关的法律问题的时候向专业人士了解。

【相关法条】

《违反〈劳动法〉有关劳动合同规定的赔偿办法》

第二条　用人单位有下列情形之一，对劳动者造成损害的，应赔偿劳动者损失：

……………

（四）用人单位违反规定或劳动合同的约定解除劳动合同的。

……………

第三条　本办法第二条规定的赔偿，按下列规定执行：

（一）造成劳动者工资收入损失的，按劳动者本人应得工资收入支付给劳动者，并加付应得工资收入 25％的赔偿费用；

（二）造成劳动者劳动保护待遇损失的，应按国家规定补足劳动者的劳动保护津贴和用品；

（三）造成劳动者工伤、医疗待遇损失的，除按国家规定为劳动者提供工伤、医疗待遇外，还应支付劳动者相当于医疗费用 25％的赔偿费用；

（四）造成女职工和未成年工身体健康损害的，除按国家规定提供治疗期间的医疗待遇外，还应支付相当于其医疗费用 25％的赔偿费用；

（五）劳动合同约定的其他赔偿费用。

《中华人民共和国劳动合同法》

第九十条　劳动者违反本法规定解除劳动合同，或者违反劳动合同中约定的保密义务或者竞业限制，给用人单位造成损失的，应当承担赔偿责任。

江苏省高级人民法院《关于审理劳动争议案件若干问题的意见》

27. 用人单位开除、除名、辞退或解除劳动合同的处理决定被依法撤销后，应当按照劳动者的原工资标准赔偿劳动者的损失；如果诉讼期间劳动合同期限届满的，人民法院可以参照当地最低工资的标准判令用人单位一次性给付劳动者自劳动合同届满之日至判决之日的必要的生活费。

9. 用人单位单方面解除或终止劳动合同无须向劳动者支付经济补偿金的情形

【案情简介】

张女士于 2021 年入职人参果软件开发公司，岗位为项目主管，工作内容为研发软件。人参果软件开发公司的员工手册约定：员工须保障公司财产安全，不得私自处理公司的任何财产，且张女士已签字。张女士在 2022 年 1 月至 6 月期间，利用自己职位之便，将人参果软件开发公司以往研发的、现在闲置的软件证书以高价卖给公司外部人员，造成人参果软件开发公司财产损失。人参果软件开发公司认为张女士已经严重违反公司的规章制度，与张女士协商退还非法收益无果后，解除了与张女士的劳动合同。张女士认为：这些证书都是闲置的，放在人参果软件开发公司也是浪费。自己作为项目主管，有处理闲置资源的权利，怎么能算违反规章制度呢？随后，张女士向劳动人事争议仲裁委员会申请仲裁，要求人参果软件开发公司支付解除劳动合同补偿金。

【案情分析】

张女士在明知人参果软件开发公司员工手册中有关于公司财产的规定，仍私自处理了公司的财产，属于严重违反人参果软件开发公司规章制度。即使证书在人参果软件开发公司为闲置资源，但该证书仍然属于人参果软件开发公司所有，闲置并不意味人参果软件开发公司放弃了所有权。人参果软件开发公司有权依据员工手册及劳动合同法第 39 条第 2 项"严重违反用人单位规章制度"的规定，解除双方劳动关系并无须支付补偿或赔偿。

【风险提示】

在前面的章节中，我们详述了关于用人单位解除劳动合同时，需要对劳动者进行经济补偿的情形。那么是否在一些情形下，用人单位解除双方劳动关系无须支付任何补偿或赔偿呢？答案是肯定的，在《劳动合同法》第 39 条规定的情形下，用人单位可以解除劳动合同。除这些情形以外，用人单位解除劳动合同极易被认定为违法解除，可能会给用人单位带来较大的损失。

【相关法条】

《中华人民共和国劳动合同法》

第三十九条 劳动者有下列情形之一的，用人单位可以解除劳动合同：

（一）在试用期间被证明不符合录用条件的；

（二）严重违反用人单位的规章制度的；

（三）严重失职，营私舞弊，给用人单位造成重大损害的；

（四）劳动者同时与其他用人单位建立劳动关系，对完成本单位的工作任务造成严重影响，或者经用人单位提出，拒不改正的；

（五）因本法第二十六条第一款第一项规定的情形致使劳动合同无效的；

（六）被依法追究刑事责任的。

10. 劳动合同解除或终止时，用人单位和劳动者就加班工资、经济补偿金等事宜达成"一揽子"协议的效力如何认定？

【案情简介】

苏女士于2018年入职红提互联网公司。工作一年后，由于项目压力大，经常加班，苏女士的身体出现不适经常请假，导致红提互联网公司业务未能及时开展。于是，红提互联网公司向苏女士提出协商解除劳动合同，苏女士基于身体状况同意解除。苏女士认为，红提互联网公司需要把加班费、经济补偿还有未结工资支付给自己，双方核算数额后经过协商均同意按照50 000元支付，并签订解除劳动关系协议书，其中包含：红提互联网公司已把加班费、未结工资、经济补偿三项费用共计50 000元支付完毕，后续苏女士不得以任何理由向红提互联网公司继续主张上述费用。苏女士在收到补偿款后，在该协议上签了字。但签字之后苏女士认为当时签协议的时候有点冲动，红提互联网公司支付的经济补偿金低于法定标准，便要求红提互联网公司按照法定标准予以补足。

【案情分析】

本案系用人单位主动提出与劳动者协商一致解除劳动合同的情形。该种情形下，红提互联网公司应当支付经济补偿金，离职时红提互联网公司亦就未结清的工资、加班费等一并与苏女士办理结算，双方签字盖章确认。该份补偿协议系双方在充分协商确定的情况下签订，不存在红提互联网公司欺诈、胁迫、乘人之危的情形，系双方真实意思表示，不存在法定无效的事由，故苏女士与红提互联网公司签订的补偿协议合法有效。

【风险提示】

用人单位与劳动者解除劳动关系时签订的关于加班工资、经济补偿金等事宜的"一揽子"协议，若出于双方意思自治，不违反法律、行政法规的规定，则该协议合法有效。但是，签订该协议并不意味着万事大吉，如在离职经济补偿中涉及工伤赔偿，部分地区认为工伤赔偿涉及劳动者的切身利益，即使双方达成一致意见，劳动者仍可以要求按照法定标准补足差额，所以建议用人单位在劳动者离职签订"一揽子"赔偿协议时，将用人单位与劳动者充分协商的相关证据进行保留，避免可能出现的纠纷。

【相关法条】

《中华人民共和国民法典》

第一百四十三条　具备下列条件的民事法律行为有效：

（一）行为人具有相应的民事行为能力；

（二）意思表示真实；

（三）不违反法律、行政法规的强制性规定，不违背公序良俗。

九
用工中常见法律关系篇

尊敬的 HR 朋友：

您好！

随着公司的日益发展壮大，领导打算对公司的人员管理进行调整，将安保、销售等部门外包出去，将售后部门调整为非全日制用工，同时与高校、科研院所进行合作，打算聘请几位高校离退休教授作为专家顾问。为此公司可能会选择劳务派遣公司，同时需要与这几位教授签订协议，还要准备非全日制用工的劳动合同。这几种特殊情形下所面临的法律风险更为复杂，不过您请放心，我们在本篇中已经为您解决了这些难题！

（一）劳动关系和劳务关系

1. 劳务关系和劳动关系的区别

【案情简介】

2019 年 5 月，张先生与罗甘莓公司签订劳务协议。该协议约定，张先生为罗甘莓公司提供用车送货工作，报酬为按单提成，每单提成 200 元，没有底薪，自带交通工具送货，张先生要通过手机登录罗甘莓公司平台 APP 软件接单、送单，亦可交由他人代为完成，其报酬由罗甘莓公司按张先生完成的提成量通过银行转账支付。协议还约定，张先生每

181

周一早上需到罗甘莓公司办公场所参加早会接受安全教育，除送货之外的时间均由张先生自由支配。2019 年 11 月，张先生在送货途中摔倒负伤，于是申请劳动仲裁，要求罗甘莓公司确认劳动关系，并想要罗甘莓公司按照工伤进行赔偿。张先生的想法能否得到法律上的支持？

【案情分析】

　　劳务关系是指一方提供劳务、一方支付报酬的民事关系。张先生为罗甘莓公司从事送货工作，自带交通工具，报酬根据接单数量多少确定；而且从网络平台接单、送单服务，无须到公司办公场所上下班；罗甘莓公司虽对张先生进行安全教育，但这并不是严格意义上的企业管理。所以张先生与罗甘莓公司建立的是劳务关系，对于张先生的请求并不能得到支持。

【风险提示】

　　用人单位在用工方面，通过不同形式的用工常常会与职工建立不同的法律关系，劳务关系就是其中一种。劳动关系受《劳动合同法》和《劳动法》的特殊保护，用人单位必须为劳动者缴纳社保、按期发放报酬，不能随意解除与劳动者之间的劳动关系等。但是劳务关系是企业和职工平等主体之间的合同关系，双方对于各自的义务只要自愿达成一致意见即可，提供劳务方和接受劳务方并没有劳动关系中非常强的人身依附性和管理性。

　　建议 HR 在招聘职工时，可以通过对用工形式的判断决定与职工签订什么类型的合同以及建立什么类型的法律关系。

【相关法条】

《中华人民共和国民法典》

　　第一千一百九十二条　个人之间形成劳务关系，提供劳务一方因劳务造成他人损害的，由接受劳务一方承担侵权责任。接受劳务一方承担侵权责任后，可以向有故意或者重大过失的提供劳务一方追偿。提供劳务一方因劳务受到损害的，根据双方各自的过错承担相应的责任。

在提供劳务期间，因第三人的行为造成提供劳务一方损害的，提供劳务一方有权请求第三人承担侵权责任，也有权请求接受劳务一方给予补偿。接受劳务一方补偿后，可以向第三人追偿。

2. 用人单位与未毕业大学生之间是否可以成立劳动关系？

【案情简介】

顾同学为某大学在校大学生，将于 2020 年 7 月毕业。2019 年 8 月顾同学在某招聘平台上求职，北京玫瑰果公司主动向顾同学打招呼，表示公司现在紧缺舞蹈老师，并邀约顾同学面试。在面试过程中，顾同学表示虽然自己尚未毕业，但是学校事宜已基本处理完毕，希望与公司建立长期劳动关系。2019 年 8 月 21 日顾同学入职北京玫瑰果公司，从事舞蹈教学工作，双方未签订劳动合同。入职后，北京玫瑰果公司向顾同学发放了工牌，为其建立了员工档案，并安排顾同学学习公司文化和相关制度。顾同学在职期间按时出勤，每周工作 6 天，每天工作 8 个小时，北京玫瑰果公司每月按时向其发放工资 6 000 元。2019 年 12 月 16 日北京玫瑰果公司给顾同学下发通知，称因顾同学教学能力不行决定不再聘用，顾同学自收到通知之日起不用再来上班。顾同学认为北京玫瑰果公司此举属于违法解除要求支付违法解除赔偿金。但北京玫瑰果公司认为顾同学属于在校生，双方只是单纯的实习关系，无须支付赔偿金。顾同学不服，向劳动人事争议仲裁委员会申请仲裁确认其与北京玫瑰果公司之间存在劳动关系。

【案情分析】

在校学生在用人单位进行实习，应当根据具体事实进行判断，对完成学校的社会实习安排或自行从事社会实践活动的实习，不认定为劳动关系。但用人单位与在校学生之间名为实习，实为劳动关系的应当认定为劳动关系。本案中，顾同学对其在校生身份并未隐瞒和欺诈，北京玫瑰果公司即明知顾同学尚未正式毕业，顾同学向北京玫瑰果公司表明了希望建立长期劳动关系的意愿，而且在顾同学入职北京玫瑰果公司后，北京玫瑰果公司为其建立员工档案、发放工牌、安排学习公司文化和相关制度等事宜，表明双方有建立劳动关系的合意。从实际履行情况来看，顾同学在职期间接受北京玫瑰果公司考勤等用工管理及规章制度的约束，北京玫瑰果公司也按固定周期及固定数额向顾同学支付劳动报酬。上述系列行为足以证明双方之间具有密切的人身隶属关系，因此顾同学与北京玫瑰果公司之间并非单纯的实习关系，而是劳动关系。

【风险提示】

对于在校生能否建立劳动关系，多数用人单位惯性地认为双方建立的只能是实习关系。但在司法实践中，若在校生满足建立劳动关系的行为能力和责任能力，与用人单位之间的用工形式符合确立劳动关系的特点和条件，并不排除双方之间建立劳动关系的可能性。因此，若用人单位只是单纯地打算招聘实习生，未有聘用为正式员工，也没有在其毕业后转为正式员工的计划，则在招聘和管理时应注意以下几点：（1）在招聘时，要求提供在校生身份的相关证明文件；（2）入职后不要随意签订劳动合同，可以与实习生签订实习协议，其协议内容体现其实习性质，且与劳动合同相区别；（3）在日常管理中也要注意在考勤、报酬支付、工作时间、工作职责和岗位等方面与正式员工相异。

【相关法条】

北京市高级人民法院、北京市劳动争议仲裁委员会《关于劳动争议案件法律适用问题研讨会会议纪要（二）》

23. 在校学生在用人单位进行实习，是否应认定劳动关系？

在校学生在用人单位进行实习，应当根据具体事实进行判断，对完成学校的社会实习安排或自行从事社会实践活动的实习，不认定劳动关系。但用人单位与在校学生之间名为实习，实为劳动关系的除外。

3. 用人单位招用已经依法享受养老保险待遇或者领取退休金的人员建立的是劳务关系吗?

【案情简介】

刘女士出生于 1970 年 10 月 6 日，系工人。自 2021 年 10 月 1 日起刘女士在北京芒果饭店工作，上下班时间遵从饭店管理规定，未签订劳动合同，工资按月发放。2022 年 6 月 23 日，刘女士在下班途中遭遇交通事故后去世。随后，刘女士的爱人杨先生向劳动人事争议仲裁委员会申请劳动仲裁，要求确认刘女士与北京芒果饭店存在劳动关系。劳动人事争议仲裁委员会作出不予受理通知书。杨先生不服该决定，向法院提起了诉讼，请求确认刘女士与北京芒果饭店自 2021 年 10 月 1 日起至 2022 年 6 月 23 日存在劳动关系。

【案情分析】

刘女士于 2021 年 10 月 1 日起至北京芒果饭店工作，自刘女士入职时已经年满 50 周岁，达到了法定退休年龄，符合了申领养老保险待遇的年龄条件，根据法律规定，劳动者达到法定退休年龄的，劳动合同终止，所以北京芒果饭店与刘女士之间不存在劳动关系，杨先生的请求无法得到支持。

【风险提示】

用人单位招聘已达到法定退休年龄人员，双方之间无法建立受《劳动法》《劳动合同法》约束的劳动关系，但可以建立劳务关系。用人单位与职工建立劳务关系在一定程度上可以降低用工成本，但也存在一定风险，劳务关系中双方地位平等，仅以提供劳务为目的，提供劳务方和接受劳务方并没有劳动关系中非常强的人身依附性和管理性。

如果用人单位拟计划招聘劳务人员，实际招聘的是停薪留职人员、未达到法定退休年龄的内退人员、下岗待业人员以及企业经营性停产放长假人员的，上述人员可能会与用人单位成立劳动关系，而非劳务关系，从而达不到用人单位招聘劳务人员的初衷。

【相关法条】

最高人民法院《关于审理劳动争议案件适用法律若干问题的解释（一）》

第三十二条　用人单位与其招用的已经依法享受养老保险待遇或者领取退休金的人员发生用工争议而提起诉讼的，人民法院应当按劳务关系处理。

企业停薪留职人员、未达到法定退休年龄的内退人员、下岗待岗人员以及企业经营性停产放长假人员，因与新的用人单位发生用工争议而提起诉讼的，人民法院应当按劳动关系处理。

《中华人民共和国劳动合同法实施条例》

第二十一条　劳动者达到法定退休年龄的，劳动合同终止。

4. 用人单位与劳动者签订劳务合同，双方建立的一定是劳务关系吗？

【案情简介】

38 周岁的张女士于 2021 年 5 月 1 日入职柑橘教育咨询公司，岗位为美术教师。后双方签订劳务合同，约定张女士向柑橘教育咨询公司的学生提供美术教育服务，柑橘教育咨询公司支付其报酬。之后，柑橘教育咨询公司向张女士发放了工牌，并要求张女士遵守公司的规章制度，每天工作 8 小时，每周工作 5 天，每日按时上下班打卡，按月固定发放薪资。2021 年 10 月 1 日，张女士向劳动人事争议仲裁委员会提出仲裁申请，要求确认其与柑橘教育咨询公司之间存在劳动关系。柑橘教育咨询公司辩称：双方之间仅为劳务关系，有双方签订的劳务合同为证，并且美术老师与柑橘教育咨询公司之间只存在劳务关系，这是行业惯例。劳动人事争议仲裁委员会最后会支持谁的观点呢？

【案情分析】

从主体资格来说，张女士与柑橘教育咨询公司符合法律法规规定的建立劳动关系的主体资格；从用工形式来说，虽然双方签订劳务合同，但是柑橘教育咨询公司制定的各项规章制度适用于张女士，张女士每日按时上下班打卡，受柑橘教育咨询公司的劳动管理，从事柑橘教育咨询公司安排的有报酬的劳动；从用人单位业务组成部分来说，柑橘教育咨询公司的主要业务范围为教育培训，而张女士入职即为学生提供美术教育服务，张女士提供的劳动是用人单位业务的组成部分。故张女士与柑橘教育咨询公司之间具备建立劳动关系的本质特征，双方虽然存在劳务合同但是不能否认其建立劳动关系的实质，故劳动人事争议仲裁委员会支持了张女士的请求。

【风险提示】

用人单位有时为了减少部分用工成本，会与劳动者签订劳务合同，但是签订劳务合同并不代表双方之间一定是劳务关系。劳动关系和劳务关系的区别在于，劳动关系中劳动者与用人单位之间具有明显的行政管理性，即劳动者要遵守用人单位的规章制度，按用人单位的安排进行工作，同时这些工作是用人单位业务的组成部分，而用人单位需要定期向劳动者支付工资；但劳务关系并不具备这些属性，仅以提供并完成劳务服务为目标。因此用人单位要对这两种关系做好区分。

【相关法条】

劳动和社会保障部《关于确立劳动关系有关事项的通知》

第一条　用人单位招用劳动者未订立书面劳动合同，但同时具备下列情形的，劳动关系成立。

（一）用人单位和劳动者符合法律、法规规定的主体资格；

（二）用人单位依法制定的各项劳动规章制度适用于劳动者，劳动者受用人单位的劳动管理，从事用人单位安排的有报酬的劳动；

（三）劳动者提供的劳动是用人单位业务的组成部分。

（二）劳动关系与劳务派遣关系

1. 劳务派遣是指什么？

【案情简介】

雪莲果公司打算招聘 5 名保安。为了方便人员管理，雪莲果公司选择与开心果人力资源有限公司签订劳务派遣协议，开心果人力资源有限公司与该 5 名员工签订合同、发放工资、缴纳社保，并派遣 5 人到雪莲果公司上班担任保安，该 5 名人员由雪莲果公司管理调用。在这种用工形式下，5 名保安人员是与雪莲果公司还是与开心果公司存在劳动关系？

【案情分析】

劳务派遣是指劳务派遣单位将招用的劳动者派遣至用工单位，由用工单位直接对劳动者的劳动过程进行管理的一种用工形式。本案中，由开心果人力资源有限公司与该 5 名员工签订合同、发放工资、缴纳社保，并派遣至雪莲果公司提供劳动，雪莲果公司依据与开心果人力资源有限公司签订的劳务派遣协议按期支付款项，该 5 名保安人员与开心果人力资源有限公司建立劳动关系，符合"劳务派遣"用工形式。

【风险提示】

"劳务派遣"为用人单位提供了一种不同于一般用工形式的灵活用工形式，既可以在一定程度上减少用人单位的管理成本，还可以通过派遣公司筛选工作能力较强的人员，以促进用人单位更好的发展。但是用人单位在选用派遣公司时应审查其资质，在签订劳务派遣协议时应仔细审查责任承担方式，可以在劳务派遣协议中约定劳务派遣过程中劳动者发生工伤及其他事宜的补偿办法，以减少损失。

【相关法条】

《劳务派遣暂行规定》

第三条　用工单位只能在临时性、辅助性或者替代性的工作岗位上使用被派遣劳动者。

前款规定的临时性工作岗位是指存续时间不超过 6 个月的岗位；辅助性工作岗位是指为主营业务岗位提供服务的非主营业务岗位；替代性工作岗位是指用工单位的劳动者因脱产学习、休假等原因无法工作的一定期间内，可以由其他劳动者替代工作的岗位。

用工单位决定使用被派遣劳动者的辅助性岗位，应当经职工代表大会或者全体职工讨论，提出方案和意见，与工会或者职工代表平等协商确定，并在用工单位内公示。

2. 用人单位在非临时性、辅助性或者替代性岗位上实施劳务派遣协议，是否有效?

【案情简介】

百香果公司是一家餐饮公司，通过劳务派遣的方式招聘了一名厨师长胡先生，胡先生在百香果公司连续工作了 3 年。某天百香果公司突然收到劳动人事争议仲裁委员会的通知，表示胡先生已提起劳动仲裁，要求确认百香果公司与其存在劳动关系，胡先生认为劳务派遣的岗位应该是临时性的，但是胡先生已经连续工作 3 年不符合劳务派遣的规定，故而应认定与百香果公司存在劳动关系。

【案情分析】

劳动合同法规定劳务派遣用工形式只是劳动合同用工的一种补充

形式，只能在临时性、辅助性或者替代性的工作岗位上实施，但是该规定一般会被认为只是管理性规范，并非强制性规范，违反效力强制性规定才会导致合同无效，而违反管理强制性规定并不会导致合同无效。本案中，胡先生与派遣公司签订劳动合同被派遣至百香果公司，都是各方真实意思表示，不存在任何一方欺诈、胁迫或乘人之危签订合同，所以各方之间签订的协议有效，不能认定百香果公司与胡先生之间形成事实劳动关系，劳动人事争议仲裁委员会对于胡先生确认与百香果公司存在劳动关系的请求不予支持。

【风险提示】

司法实践中，对于违反"三性"原则的劳务派遣处理存在一定的争议，虽然大部分观点认为劳务派遣只能在临时性、辅助性或者替代性的工作岗位上实施属于管理性规范，不会直接导致劳务派遣无效的情形，但是仍有部分法院对于该部分处理持相反观点。一般来说劳务派遣员工与正式劳动合同员工相比会具有一定的不稳定性，如果企业使用劳务派遣这种用工形式，建议劳务派遣员工最好担任临时性、辅助性或替代性的工作岗位，即存续时间不超过 6 个月、非主营业务岗位或劳动者因脱产学习、休假等原因短期内无法工作的岗位，避免劳务派遣中出现违反"三性"原则的情况，给公司带来不必要的麻烦。

另外，建议 HR 保留派遣员工与用人单位之间签订的劳动合同复印件，并要求派遣员工签订派驻人员身份确认单，由此证明员工的用工类型。

【相关法条】

《中华人民共和国劳动合同法》

第六十六条　劳动合同用工是我国的企业基本用工形式。劳务派遣用工是补充形式，只能在临时性、辅助性或者替代性的工作岗位上实施。

前款规定的临时性工作岗位是指存续时间不超过六个月的岗位；辅助性工作岗位是指为主营业务岗位提供服务的非主营业务岗位；替代性工作岗位是指用工单位的劳动者因脱产学习、休假等原因无法工作的一定期间内，可以由其他劳动者替代工作的岗位。

用工单位应当严格控制劳务派遣用工数量，不得超过其用工总量的一定比例，具体比例由国务院劳动行政部门规定。

3. 用工单位与没有资质的劳务派遣公司签订合同并实际用工，可能会承担哪些法律责任？

【案情简介】

百合花公司与康乃馨公司签订劳务派遣协议，百合花公司作为用工单位，康乃馨公司作为劳务派遣单位，但康乃馨公司无经营劳务派遣业务的行政许可。康乃馨公司为百合花公司派遣了 6 名保洁员，百合花公司根据协议按月将款项支付至康乃馨公司账户，由康乃馨公司为该 6 名保洁员支付工资。现 6 名保洁员因康乃馨公司拖欠劳动报酬多次追讨无果，于是向劳动人事争议仲裁委员会提起申请要求补足工资，并要求百合花公司和康乃馨公司承担连带责任。

【案情分析】

经营劳务派遣业务应当根据《劳动合同法》的规定具备一定的条件，还应向劳动行政部门依法申请行政许可，未经许可的不得经营劳务派遣业务。康乃馨公司作为派遣公司未经许可即经营劳务派遣业务，百合花公司作为用工单位在签订合同时对于康乃馨公司的经营资质未尽到审查义务，二公司对于 6 名保洁员的用工均存在过错，故百合花公司和康乃馨公司应对 6 名保洁员的工资承担连带赔偿责任。

【风险提示】

用人单位使用劳务派遣用工形式，在签订劳务派遣协议时要提前审查劳务派遣公司的资质，包括：（1）注册资本不得少于人民币 200 万元；（2）有与开展业务相适应的固定的经营场所和设施；（3）有符合法律、行政法规规定的劳务派遣管理制度；（4）有劳动行政部门的经营劳务派遣许可。如果用工单位与没有资质的劳务派遣公司签订合同并实际用工，用工单位可能面临行政罚款以及对于劳动者损失承担连带赔偿责任的风险。

同时，在与劳务派遣公司签订合同时，建议明确派遣单位的义务和责任，如派遣单位与劳动者签订劳动合同的义务、派遣单位发放工资的义务、派遣单位缴纳社保的责任、发生工伤时派遣单位承担的责任等。

【相关法条】

《中华人民共和国劳动合同法》

第五十七条　经营劳务派遣业务应当具备下列条件：

（一）注册资本不得少于人民币二百万元；

（二）有与开展业务相适应的固定的经营场所和设施；

（三）有符合法律、行政法规规定的劳务派遣管理制度；

（四）法律、行政法规规定的其他条件。

经营劳务派遣业务，应当向劳动行政部门依法申请行政许可；经许可的，依法办理相应的公司登记。未经许可，任何单位和个人不得经营劳务派遣业务。

第九十二条　违反本法规定，未经许可，擅自经营劳务派遣业务的，由劳动行政部门责令停止违法行为，没收违法所得，并处违法所得一倍以上五倍以下的罚款；没有违法所得的，可以处五万元以下的罚款。

劳务派遣单位、用工单位违反本法有关劳务派遣规定的，由劳动行政部门责令限期改正；逾期不改正的，以每人五千元以上一万元以下的标准处以罚款，对劳务派遣单位，吊销其劳务派遣业务经营许可证。用工单位给被派遣劳动者造成损害的，劳务派遣单位与用工单位承担连带赔偿责任。

4. 未及时支付加班费，派遣单位和用工单位应承担何种责任？

【案情简介】

满天星公司是一家具有劳务派遣资质的人力资源公司，满天星公司与玉兰花公司签订了劳务派遣协议。王女士于 2020 年 3 月入职满天星公司，同年 4 月被满天星公司派遣至玉兰花公司工作，由满天星公司支付王女士每月的工资。2020 年 10 月玉兰花公司为了"双 11"活动冲销量，安排包括王女士在内的所有员工每天延迟下班 3 个小时但未支付加班费。王女士遂提请劳动仲裁，要求满天星公司和玉兰花公司支付加班费。

【案情分析】

王女士入职满天星公司，与满天星公司签订劳动合同，建立劳动关系，应当由满天星公司承担支付工资、缴纳社保的义务，故满天星公司对于王女士的加班费有直接支付的义务。另外，因玉兰花公司和满天星公司签订劳务派遣协议，王女士的工资均由用工单位玉兰花公司支付至满天星公司，再由满天星公司给王女士发放，根据相关法律规定，用工单位应当履行支付加班费、绩效奖金，提供与工作岗位相关的福利待遇的义务，用工单位给被派遣劳动者造成损害的，劳务派遣单位与用工单位承担连带赔偿责任。故王女士在玉兰花公司的安排下延长工作时间，在未安排王女士调休的情况下应当支付加班费，满天星公司和玉兰花公司应承担连带赔偿责任。

【风险提示】

在劳务派遣中，对于加班费、奖金、福利待遇等是由用工单位承担，用工单位应依据劳务派遣协议的约定按时支付款项。若发现用工单位未按时支付款项，劳务派遣单位可以向用工单位催缴，并按时向劳动者支付加班费。如果劳动者因加班费等提起劳动仲裁，劳务派遣单位和用工单位作为共同当事人应就加班费等承担连带责任。

【相关法条】

《中华人民共和国劳动合同法》

第六十二条　用工单位应当履行下列义务：

（一）执行国家劳动标准，提供相应的劳动条件和劳动保护；

（二）告知被派遣劳动者的工作要求和劳动报酬；

（三）支付加班费、绩效奖金，提供与工作岗位相关的福利待遇；

（四）对在岗被派遣劳动者进行工作岗位所必需的培训；

（五）连续用工的，实行正常的工资调整机制。

用工单位不得将被派遣劳动者再派遣到其他用人单位。

第九十二条（第二款）　劳务派遣单位、用工单位违反本法有关劳务派遣规定的，由劳动行政部门责令限期改正；逾期不改正的，以每人五千元以上一万元以下的标准处以罚款，对劳务派遣单位，吊销其劳务派遣业务经营许可证。用工单位给被派遣劳动者造成损害的，劳务派遣单位与用工单位承担连带赔偿责任。

《中华人民共和国劳动争议调解仲裁法》

第二十二条　发生劳动争议的劳动者和用人单位为劳动争议仲裁案件的双方当事人。

劳务派遣单位或者用工单位与劳动者发生劳动争议的，劳务派遣单位和用工单位为共同当事人。

5. 劳务派遣劳动者因工受伤，派遣单位和用工单位谁来承担工伤赔偿责任？

【案情简介】

程先生于 2020 年 7 月 18 日入职甜瓜人力资源公司，后被甜瓜人力资源公司派遣到香瓜公司上班，由甜瓜人力资源公司发放工资，但未为程先生缴纳社会保险。在香瓜公司上班期间因天花板塌陷，程先生被砸伤，随后程先生申请工伤认定，并由劳动能力鉴定委员会鉴定程先生属于九级伤残，但是甜瓜人力资源公司与香瓜公司就该由谁承担工伤赔偿责任互相推诿，于是程先生申请劳动仲裁要求二公司承担连带赔偿责任。

【案情分析】

　　劳务派遣用工形式存在三方主体，即用人单位、用工单位、劳动者。甜瓜人力资源公司雇佣程先生并派遣其至香瓜公司上班，甜瓜人力资源公司属于劳务派遣单位，系用人单位，应当履行用人单位对劳动者的义务，且根据最高人民法院《关于审理工伤保险行政案件若干问题的规定》第3条，劳务派遣单位派遣的职工在用工单位工作期间因工伤亡的，派遣单位为承担工伤保险责任的单位，故原则上甜瓜人力资源公司承担工伤赔偿责任。另外，根据《劳动合同法》第92条，用工单位给派遣劳动者造成损害的，劳务派遣单位与用工单位承担连带赔偿责任。因程先生受伤系用工单位香瓜公司天花板塌陷造成，所以对于程先生受工伤的赔偿责任应由甜瓜人力资源公司和香瓜公司承担连带责任。

【风险提示】

　　缴纳社会保险系用人单位的法定义务，劳务派遣的用工形式也不例外，被派遣员工如果发生工伤可以享受工伤保险待遇，除工伤保险基金支付的项目以外的工伤保险待遇，原则上由劳务派遣单位支付，如果用工单位存在过错的，应与劳务派遣单位承担连带责任。如未依法为被派遣员工缴纳社会保险，员工发生工伤后未能享受工伤保险待遇的，应由劳务派遣单位和用工单位承担连带赔偿责任。

　　因劳务派遣中用工单位是实际用工主体，发生工伤一般也是因为在用工单位劳动所致，所以一般劳务派遣单位与企业签订劳务派遣协议时会约定劳务派遣单位承担工伤保险责任后用工单位的补偿办法，建议用工单位与劳务派遣单位可以就该部分内容约定清楚，明确劳务派遣单位对被派遣员工及时支付工资、缴纳社保的责任和义务，并约定如未能及时履行义务给劳动者造成的损失由劳务派遣单位承担。

【相关法条】

《工伤保险条例》

第四十三条　用人单位分立、合并、转让的，承继单位应当承担原用人单位的工伤保险责任；原用人单位已经参加工伤保险的，承继单位应当到当地经办机构办理工伤保险变更登记。

用人单位实行承包经营的，工伤保险责任由职工劳动关系所在单位承担。

职工被借调期间受到工伤事故伤害的，由原用人单位承担工伤保险责任，但原用人单位与借调单位可以约定补偿办法。

企业破产的，在破产清算时依法拨付应当由单位支付的工伤保险待遇费用。

《中华人民共和国劳动合同法实施条例》

第三十五条　用工单位违反劳动合同法和本条例有关劳务派遣规定的，由劳动行政部门和其他有关主管部门责令改正；情节严重的，以每位被派遣劳动者 1 000 元以上 5 000 元以下的标准处以罚款；给被派遣劳动者造成损害的，劳务派遣单位和用工单位承担连带赔偿责任。

6. 用工单位在哪些情形下可以退回被派遣的劳动者？

【案情简介】

马先生是云朵公司劳务派遣到冰雹公司的安全检测员。在冰雹公司上班的第一天，冰雹公司即安排马先生学习冰雹公司的规章制度、安全操作规程。马先生在工作时违反冰雹公司规章制度，经常看手机，玩忽职守。某天马先生对设备进行安全检测时由于玩手机将工具配件掉落在设备缝隙中，造成设备损坏，冰雹公司未能按时完成客户交付的订单，导致冰雹公司向客户支付 10 万元的违约金。冰雹公司能否开除马先生？

【案情分析】

根据劳务派遣的相关规定，马先生与云朵公司建立劳动关系，冰雹公司作为用工单位，无权解除马先生与云朵公司的劳动关系。但是马先生作为被派遣劳动者，其违反冰雹公司的规章制度并造成冰雹公司 10 万元的损失，冰雹公司有权将马先生退回劳务派遣单位。马先生被退回云朵公司后，如果马先生符合解除劳动关系的条件，应由云朵公司解除与马先生的劳动关系，如果云朵公司不解除双方劳动关系应重新派遣。在马先生被退回无工作期间，云朵公司还应按照不低于所在地人民政府规定的最低工资标准，向其按月支付报酬。

【风险提示】

用工单位依据法律规定在如下条件下可以退回被派遣劳动者：

（1）在试用期间被证明不符合录用条件的；

（2）严重违反用工单位的规章制度的；

（3）严重失职，营私舞弊，给用工单位造成重大损害的；

（4）劳动者同时与其他用人单位建立劳动关系，对完成本单位的工作任务造成严重影响，或者经用工单位提出，拒不改正的；

（5）以欺诈、胁迫的手段或者乘人之危，使对方在违背真实意思的情况下订立或者变更劳动合同，致使劳动合同无效的；

（6）被依法追究刑事责任的；

（7）劳动者患病或者非因工负伤，在规定的医疗期满后不能从事原工作，也不能从事由用工单位另行安排的工作的；

（8）劳动者不能胜任工作，经过培训或者调整工作岗位，仍不能胜任工作的；

（9）劳动合同订立时所依据的客观情况发生重大变化，致使劳动合同无法履行，经用人单位与劳动者协商，未能就变更劳动合同内容达成协议的；

（10）依照企业破产法规定进行重整需要裁员的；

（11）生产经营发生严重困难需要裁员的；

（12）企业转产、重大技术革新或者经营方式调整，经变更劳动合同后，仍需裁减人员的；

（13）用工单位被依法宣告破产、吊销营业执照、责令关闭、撤销、决定提前解散或者经营期限届满不再继续经营的；

（14）劳务派遣协议期满终止的。

只有符合法定的退回情形，用工单位才能将劳动者退回，如果用工单位的退回行为不当，不能证明其退回劳务派遣单位的合法性，可能面临劳动行政部门的处罚。并且，劳动者被退回后，用人单位进而依据该退回原因解除与劳动者的劳动关系，如该种解除被劳动人事争议仲裁委员会或法院认定为违法解除时，用工单位一般要与用人单位承担连带赔偿责任。

【相关法条】

《劳务派遣暂行规定》

第十二条　有下列情形之一的，用工单位可以将被派遣劳动者退回劳务派遣单位：

（一）用工单位有劳动合同法第四十条第三项、第四十一条规定情形的；

（二）用工单位被依法宣告破产、吊销营业执照、责令关闭、撤销、决定提前解散或者经营期限届满不再继续经营的；

（三）劳务派遣协议期满终止的。

被派遣劳动者退回后在无工作期间，劳务派遣单位应当按照不低于所在地人民政府规定的最低工资标准，向其按月支付报酬。

第二十四条　用工单位违反本规定退回被派遣劳动者的，按照劳动合同法第九十二条第二款规定执行。

《中华人民共和国劳动合同法》

第三十九条　劳动者有下列情形之一的，用人单位可以解除劳动合同：

（一）在试用期间被证明不符合录用条件的；

（二）严重违反用人单位的规章制度的；

（三）严重失职，营私舞弊，给用人单位造成重大损害的；

（四）劳动者同时与其他用人单位建立劳动关系，对完成本单位的工作任务造成严重影响，或者经用人单位提出，拒不改正的；

（五）因本法第二十六条第一款第一项规定的情形致使劳动合同无效的；

（六）被依法追究刑事责任的。

7. 被派遣劳动者故意或者重大过失导致用工单位损失，用工单位是否可以要求劳务派遣单位承担连带赔偿责任？

【案情简介】

爆米花公司是劳务派遣公司，派遣张先生去棒棒糖公司担任司机。张先生在开车过程中由于玩手机闯红灯将一名走在斑马线上的行人撞倒，交警出具交通事故认定书确认张先生为全责，张先生将受害者送去医院时被告知可能要有巨额的医疗费，张先生没有那么多钱，该由谁来承担这笔费用？

【案情分析】

张先生开车发生交通事故，造成第三人人身损害，应承担相应的侵权责任，但是因为张先生是在执行棒棒糖公司的工作任务中造成第三人损害的，根据《民法典》的规定，应当由用工单位棒棒糖公司承担责任。因张先生在开车过程中玩手机存在重大过失，用工单位承担责任后可以向张先生进行追偿。

至于爆米花公司（用人单位）是否承担连带责任，要看爆米花公司是否存在过错，若爆米花公司在派遣张先生时严格审核了其驾驶资格、驾龄，且张先生在此之前从未出过事故，则用人单位不存在过错，故而无须承担责任。

【风险提示】

劳务派遣协议对于劳务派遣用工形式至关重要，其作用不仅仅是约定向用工单位提供劳务事项的确认，还可以约定相关责任比例承担问题。建议企业与劳务派遣单位建立合作关系时，可以就双方权利义务进行详细的约定。

【相关法条】

《中华人民共和国民法典》

第一千一百九十一条　用人单位的工作人员因执行工作任务造成他人损害的，由用人单位承担侵权责任。用人单位承担侵权责任后，可以向有故意或者重大过失的工作人员追偿。

劳务派遣期间，被派遣的工作人员因执行工作任务造成他人损害的，由接受劳务派遣的用工单位承担侵权责任；劳务派遣单位有过错的，承担相应的责任。

（三）劳动关系与非全日制劳动关系

1. 非全日制用工是指什么？

【案情简介】

王女士于 2008 年 5 月 9 日开始到风信子公司工作，负责室内保洁。王女士每日工作 2 小时，一周工作 5 天，工资按小时结算。王女士的工资为每小时人民币 12 元，工资都是通过现金方式支付。2010 年 8 月 5 日，风信子公司辞退王女士。王女士不服，认为风信子公司与王女士构成全日制用工的劳动关系。

【案情分析】

非全日制用工，是指以小时计酬为主，劳动者在同一用人单位一般平均每日工作时间不超过 4 小时，每周工作时间累计不超过 24 小时的用工形式。本案的关键在于王女士是全日制用工还是非全日制用工，判断是否属于非全日制用工的主要标准就是劳动时间和计酬方式。首先，从劳动时间来看，王女士在风信子公司每日工作 2 小时，每周累计工作 10 小时，不符合全日制用工形式。从计酬方式来看，王女士自 2008 年 5 月起在风信子公司工作，其劳动报酬均是以小时工资为计算标准，符合非全日制用工形式。因此，王女士与风信子公司形成的是非全日制用工的劳动关系。

【风险提示】

非全日制用工作为灵活用工的一种模式，既缓解了用人单位的用人紧张情形，也为劳动者利用闲暇时间获得收益提供了机会。用人单位在非全日制用工时需要牢牢把握其工作时间，即每天不超过 4 小时，每周不超过 24 小时。若超过上述时间，劳动者很有可能被认定为全日制用工，再加上未订立书面劳动合同，用人单位可能承担因未签订书面劳动合同支付 2 倍工资的风险。在把握非全日制用工工作时间上，用人单位可实行考勤打卡，切不可随意安排加班，也要谨防劳动者恶意延长工作时间，避免使其每周工作时间累计超过 24 小时。

【相关法条】

《中华人民共和国劳动合同法》

第六十八条　非全日制用工，是指以小时计酬为主，劳动者在同一用人单位一般平均每日工作时间不超过四小时，每周工作时间累计不超过二十四小时的用工形式。

2. 用人单位是否应当为非全日制用工劳动者办理基本养老保险和医疗保险?

【案情简介】

2018 年 10 月任女士到北京栀子花餐厅任职服务员，每天工作时间为 18：00—21：00，每周工作 5 天，约定工资按日支付，任女士在工作时间之外兼职外卖员。2020 年因疫情原因，北京栀子花餐厅不能正常营业，故通知任女士解除聘用关系。任女士不同意，要求北京栀子花餐厅按有关规定为其补办养老保险和医疗保险后才同意解除。

【案情分析】

任女士每日工作时间为 3 小时，每周工作 5 天，每周累计工作时间 15 小时，工资按日发放，且允许任女士在工作时间之外从事兼职，因此任女士从事的工作不是全日制的劳动关系。根据法律规定，未在用人单位参加基本养老保险和医疗保险的非全日制从业人员，由个人缴纳基本养老保险费和医疗保险费。据此可知，用人单位并不必然需要为非全日制劳动者缴纳基本养老保险和医疗保险的费用。因此北京栀子花餐厅可以不为任女士办理养老和医疗保险等社会保险。

【风险提示】

用人单位聘用非全日制劳动者，需要注意承担社会保险的类型。

对于基本养老保险费和基本医疗保险费，用人单位可以不用承担，但用人单位支付非全日制劳动者的小时工资不得低于当地政府颁布的小时最低工资标准，非全日制劳动者的小时工资标准应当包含用人单位应缴纳的基本养老保险费和基本医疗保险费。

对工伤保险费，用人单位需要缴纳。用人单位支付的小时工资标准中并不包含工伤保险费，用人单位需要及时单独为非全日制劳动者缴纳工伤保险费用，以免在劳动者发生工伤事故时，用人单位面临更大的赔偿风险。

【相关法条】

《中华人民共和国社会保险法》

第十条　职工应当参加基本养老保险，由用人单位和职工共同缴纳基本养老保险费。

无雇工的个体工商户、未在用人单位参加基本养老保险的非全日制从业人员以及其他灵活就业人员可以参加基本养老保险，由个人缴纳基本养老保险费。

公务员和参照公务员法管理的工作人员养老保险的办法由国务院规定。

第二十三条　职工应当参加职工基本医疗保险，由用人单位和职工按照国家规定共同缴纳基本医疗保险费。

无雇工的个体工商户、未在用人单位参加职工基本医疗保险的非全日制从业人员以及其他灵活就业人员可以参加职工基本医疗保险，由个人按照国家规定缴纳基本医疗保险费。

《工伤保险条例》

第二条　中华人民共和国境内的企业、事业单位、社会团体、民办非企业单位、基金会、律师事务所、会计师事务所等组织和有雇工的个体工商户（以下称用人单位）应当依照本条例规定参加工伤保险，为本单位全部职工或者雇工（以下称职工）缴纳工伤保险费。

中华人民共和国境内的企业、事业单位、社会团体、民办非企业单位、基金会、律师事务所、会计师事务所等组织的职工和个体工商户的雇工，均有依照本条例的规定享受工伤保险待遇的权利。

3. 用人单位终止非全日制劳动者用工，是否需要向劳动者支付经济补偿？

【案情简介】

2018 年 11 月，昙花公司招用陆先生在绿萝商场一家娃娃机店工作，每天工作不超过 3 小时，每周累计不超过 15 小时，具体工作内容包括开关店、添加游戏币、添加娃娃、日常运营等。双方通过微信沟通工作内容，昙花公司通过支付宝支付劳动报酬。其间，陆先生还在金铃子做兼职。2020 年因疫情影响，绿萝商场不能营业，昙花公司因此辞退陆先生，陆先生要求昙花公司支付补偿金。

【案情分析】

根据行业的特点，娃娃机店多数时间为无人看守的运作模式，因此陆先生并非长驻店内，除了完成工作任务，具有一定的时间自主性，且也在其他单位做兼职。陆先生每日的实际工作时间不足 4 小时，每周累计工作时间亦不足 24 小时，双方属于非全日制用工。非全日制用工用人单位和劳动者任何一方都可以随时通知对方终止用工。终止用工，用人单位无须向劳动者支付经济补偿。因此陆先生要求昙花公司支付补偿金，于法无据。

【风险提示】

非全日制用工用人单位和劳动者任何一方都可以随时通知对方终止用工。终止用工，用人单位无须向劳动者支付经济补偿。用人单位在用工时一定要注意全日制用工和非全日制用工的特点，非全日制用工的工作时间、计酬方式明显与全日制用工有较大区别，要避免名义上聘用的是非全日制劳动者，但实质上被认定全日制用工的风险，否则在发生劳动争议纠纷时，可能会给用人单位带来经济补偿的重大损失。

【相关法条】

《中华人民共和国劳动合同法》

第七十一条　非全日制用工双方当事人任何一方都可以随时通知对方终止用工。终止用工，用人单位不向劳动者支付经济补偿。

4. 用人单位未与非全日制用工的劳动者签订书面的劳动合同，是否需要支付未签书面劳动合同的双倍工资？

【案情简介】

2018 年 11 月，郁金香公司招用肖女士从事家政工作。肖女士按照郁金香公司要求到雇主家里进行打扫保洁，工作时间一般为 3 个小时，每周累计工作时间不超过 15 个小时。双方通过微信沟通工作内容，郁金香公司通过支付宝按日支付劳动报酬。其间，肖女士还在快餐店做兼职。2020 年因疫情影响，郁金香公司不能恢复营业，因此辞退肖女士，肖女士要求郁金香公司支付未签订书面劳动合同的双倍工资。

【案情分析】

非全日制用工，是指以小时计酬为主，劳动者在同一用人单位一般平均每日工作时间不超过 4 小时，每周工作时间累计不超过 24 小时的用工形式。肖女士每日的工作时间一般为 3 小时，每周累计工作时间不超过 15 小时，双方属于非全日制用工。肖女士在职期间，与郁金香公司均通过微信沟通，未签订书面协议不违反法律规定，郁金香公司无须向肖女士支付未签劳动合同的双倍工资。

【风险提示】

虽然对非全日制用工双方当事人可以订立口头协议，但是在此还是建议用人单位以订立书面的非全日制劳动合同为宜。书面的非全日制劳动合同是证明非全日制用工最直接、最有用的证据，同时非全日制劳动者的工作时长，工资发放时间等都是可以用来证明非全日制用工的证据。如果遇到非全日制劳动者不签订书面的非全日制劳动合同时，也要注意保存好其他沟通方式，比如微信聊天记录等以此证明是非全日制用工。

【相关法条】

《中华人民共和国劳动合同法》

第六十九条（第一款）　非全日制用工双方当事人可以订立口头协议。

✝

劳动争议解决篇

尊敬的 HR 朋友：

您好！

虽然我们不断完善自身的制度与管理以构建和谐的用工关系，但之前遗留的问题还是产生了。有员工仲裁公司，要求公司支付加班工资及经济补偿，这就引出了劳动仲裁这一概念，而关于劳动仲裁的一些工作流程及注意事项，我们将在本篇中予以解答，敬请期待！

1. 劳动争议仲裁时效和仲裁庭裁决劳动争议案件的时限如何计算？

【案情简介】

2014 年 9 月 23 日，廖先生进入窝窝区所在的牵牛花公司从事电工工作，每月工资 3 800 元，牵牛花公司按月支付廖先生工资。双方未签订书面的劳动合同，廖先生多次要求与牵牛花公司签订书面劳动合同，牵牛花公司均未予以解决。2016 年 12 月 27 日，廖先生向窝窝区劳动人事争议仲裁委员会申请仲裁，要求牵牛花公司支付未签劳动合同的双倍工资，并于 2017 年 1 月 5 日收到窝窝区劳动人事争议仲裁委员会的案件受理通知书。2017 年 3 月 13 日，因窝窝区劳动人事争议仲裁委员会没有出具仲裁裁决书，廖先生向窝窝区人民法院提起诉讼。

【案情分析】

对于仲裁时效，廖先生于 2014 年 9 月 23 日进入牵牛花公司工作，双方并未就劳动事宜签订劳动合同。双方在建立劳动关系后，牵牛花公司应当自用工之日起一个月内与廖先生签订劳动合同。据此，牵牛花公司应当向廖先生支付未签订劳动合同的 2 倍工资差额。根据《劳动合同法实施条例》第 7 条，牵牛花公司应当向廖先生支付 2014 年 10 月 24 日至 2015 年 9 月 23 日期间未签订劳动合同的 2 倍工资差额。根据《劳动争议调解仲裁法》第 27 条，用人单位未订立书面劳动合同依法应向劳动者支付的双倍工资，并非劳动报酬，因为其支付的前提不是基于劳动者提供的劳动，而是基于用人单位的违法行为，属于惩罚性赔偿，应适用 1 年仲裁时效。廖先生未签订劳动合同双倍工资的仲裁时效从 2014 年 10 月 24 日开始计算，截止至 2015 年 10 月 23 日。而廖先生于 2016 年 12 月 27 日申请仲裁，双方之间双倍工资劳动争议已超出仲裁时效，故廖先生不能获得其要求支付的双倍工资赔偿。

对于仲裁审理时限，劳动争议仲裁委员会应在受理仲裁申请之日起 45 日内结束，案情复杂的最长不超过 60 日；逾期未作出仲裁裁决的，当事人可以就该劳动争议事项向人民法院提起诉讼。廖先生于 2017 年 1 月 5 日收到窝窝区劳动人事争议仲裁委员会的案件受理通知书，直至 2017 年 3 月 13 日，窝窝区劳动人事争议仲裁委员会也没有出具仲裁裁决书，已超过仲裁审理时限。因此，廖先生可以向人民法院提起诉讼。

【风险提示】

劳动争议申请仲裁的时效期间为 1 年。仲裁时效期间从当事人知道或者应当知道其权利被侵害之日起计算。用人单位对于劳动者申请的劳动仲裁，应首先注意的是劳动者提出的仲裁请求有没有在仲裁时效内。如果劳动者的主张超过了仲裁时效，其请求可能无法得到支持。在仲裁程序中，劳动人事争议仲裁委员会不能主动适用仲裁时效，用人单位应当主动提出超过时效的抗辩，否则可能承担不利后果。

【相关法条】

《中华人民共和国劳动争议调解仲裁法》

第二十七条（第一款） 劳动争议申请仲裁的时效期间为一年。仲裁时效期间从当事人知道或者应当知道其权利被侵害之日起计算。

第四十三条（第一款） 仲裁庭裁决劳动争议案件，应当自劳动争议仲裁委员会受理仲裁申请之日起四十五日内结束。案情复杂需要延期的，经劳动争议仲裁委员会主任批准，可以延期并书面通知当事人，但是延长期限不得超过十五日。逾期未作出仲裁裁决的，当事人可以就该劳动争议事项向人民法院提起诉讼。

2. 劳动争议仲裁案件中，如何分配举证责任?

【案情简介】

2017 年 11 月 25 日，常先生到芦荟公司工作，负责操作生产线主机控制台。在职期间，芦荟公司始终未给常先生缴纳社会保险。2019 年 6 月常先生就此提起劳动仲裁，仲裁期间双方就常先生月工资数额发生争议。常先生表示每月发工资时会就工资条进行签字，芦荟公司对此予以认可。仲裁庭要求芦荟公司提供常先生工资表，而芦荟公司却拒绝提供。

【案情分析】

根据《劳动争议调解仲裁法》第 6 条的规定，发生劳动争议，当事人对自己提出的主张，有责任提供证据。与争议事项有关的证据属于用人单位掌握管理的，用人单位应当提供，用人单位不提供的应当承担不利后果。本案中，对于工资构成产生争议，常先生有责任提供工资清单，但是常先生表示工资清单由芦荟公司掌握，芦荟公司应当提供却拒绝提供，应承担不利后果。

【风险提示】

所谓举证责任，是指当事人对于自己提出的请求，有提出证据加以证明的责任，否则将承担不利的法律后果。在劳动争议仲裁中，基本上遵循"谁主张，谁举证"的原则。但有例外情形，其一为举证责任倒置。在劳动仲裁中，本来是劳动者提出的主张，劳动者应当就此提供证据，但是转由用人单位提供证明，若用人单位举证不能，将承担不利后果。如在劳动争议纠纷案件中，因用人单位作出开除、除名、辞退、解除劳动合同、减少劳动报酬、计算劳动者工作年限等决定而发生劳动争议的，由用人单位负举证责任。其二是谁掌握，谁举证。如劳动者主张加班费的，应当就加班事实的存在承担举证责任，但劳动者有证据证明用人单位掌握加班事实存在的证据，用人单位不提供的，由用人单位承担不利后果。因此，在劳动仲裁中，用人单位需要特别注意举证中的特殊情形，否则可能会陷入败诉风险。

【相关法条】

《中华人民共和国劳动争议调解仲裁法》

第六条　发生劳动争议，当事人对自己提出的主张，有责任提供证据。与争议事项有关的证据属于用人单位掌握管理的，用人单位应当提供；用人单位不提供的，应当承担不利后果。

3. 发生劳动争议时，如何确定劳动仲裁管辖地?

【案情简介】

含羞草公司的注册地在北京市海淀区，但生产基地在北京市大兴区。2018 年 4 月 6 日，祝先生入职含羞草公司，当日即签订劳动合同。入职后，祝先生实际在北京市大兴区工作。2019 年 7 月 20 日，祝先生在工作中不慎被卷伤手臂。同年 11 月 6 日被认定为工伤，同年 12 月 29 日被鉴定为九级伤残。2020 年 4 月 12 日，祝先生向北京市大兴区劳动人事争议仲裁委员会申请仲裁,要求含羞草公司支付一次性伤残补助金等各项工伤待遇。在仲裁期间,含羞草公司认为北京市大兴区劳动人事争议仲裁委员会没有管辖权,要求仲裁委驳回祝先生各项请求。

【案情分析】

劳动争议由劳动合同履行地或者用人单位所在地的劳动人事争议仲裁委员会管辖。双方当事人分别向劳动合同履行地和用人单位所在地的劳动人事争议仲裁委员会申请仲裁的,由劳动合同履行地的劳动人事争议仲裁委员会管辖。本案合同履行地为北京市大兴区,因此祝先生向合同履行地北京市大兴区劳动人事争议仲裁委员会申请仲裁,符合法律规定。

【风险提示】

劳动争议仲裁管辖权具有法定性,劳动争议由劳动合同履行地或者用人单位所在地的劳动人事争议仲裁委员会管辖。用人单位和劳动者分别向劳动合同履行地和用人单位所在地的劳动人事争议仲裁委员会申请仲裁的,由劳动合同履行地的劳动人事争议仲裁委员会管辖。劳动争议仲裁管辖不允许用人单位和劳动者协议选择劳动合同履行地或者用人单位所在地以外的其他劳动人事争议仲裁委员会进行管辖。

【相关法条】

《中华人民共和国劳动争议调解仲裁法》

第二十一条 劳动争议仲裁委员会负责管辖本区域内发生的劳动争议。

劳动争议由劳动合同履行地或者用人单位所在地的劳动争议仲裁委员会管辖。双方当事人分别向劳动合同履行地和用人单位所在地的劳动争议仲裁委员会申请仲裁的,由劳动合同履行地的劳动争议仲裁委员会管辖。

4. 对哪些劳动争议，劳动人事争议仲裁委员会可以作出终局裁决?

【案情简介】

2020 年，乔先生与桔梗花公司就拖欠工资争议由北京市海淀区劳动人事争议仲裁委员会作出裁决书，裁决桔梗花公司支付乔先生工资 10 000 元，本裁决为终局裁决。桔梗花公司不服，向劳动人事争议仲裁委员会所在地的中级人民法院申请撤销仲裁裁决。

【案情分析】

《劳动争议调解仲裁法》第 47 条第 1 项规定，追索劳动报酬、工伤医疗费、经济补偿或者赔偿金，不超过当地月最低工资标准 12 个月金额的争议，仲裁裁决为终局裁决，裁决书自作出之日起发生法律效力。2020 年北京市最低工资标准为每月 2 200 元，12 个月为 26 400 元。本案中，北京市海淀区劳动人事争议仲裁委员会作出的仲裁裁决书裁定桔梗花公司支付乔先生的工资为 10 000 元，远低于北京市月最低工资标准 12 个月金额 26 400 元。因此，北京市海淀区劳动人事争议仲裁委员会作出的此次裁决为终局裁决，自作出之日起发生法律效力。桔梗花公司不服北京市海淀区劳动人事争议仲裁委员会作出的仲裁裁决，可以自收到仲裁裁决书之日起 30 日内向劳动人事争议仲裁委员会所在地的中级人民法院申请撤销裁决。

【风险提示】

对于劳动仲裁的"终局裁决"，其终局性只针对用人单位。也就是说，劳动者对终局裁决内容不服的，可以向法院起诉，而对用人单位来说即使不服，也不得再向人民法院起诉，但可以自收到仲裁裁决书之日起 30 日内向劳动人事争议仲裁委员会所在地的中级人民法院申请撤销裁决。因此用人单位对于劳动仲裁，尤其是终局裁决，切莫大意，应对案件仔细分析及评估，做好应对仲裁的准备，以免发生相关权利难以挽救的情形。

【相关法条】

《中华人民共和国劳动争议调解仲裁法》

第四十七条　下列劳动争议，除本法另有规定的外，仲裁裁决为终局裁决，裁决书自作出之日起发生法律效力：

（一）追索劳动报酬、工伤医疗费、经济补偿或者赔偿金，不超过当地月最低工资标准十二个月金额的争议；

（二）因执行国家的劳动标准在工作时间、休息休假、社会保险等方面发生的争议。

第四十九条　用人单位有证据证明本法第四十七条规定的仲裁裁决有下列情形之一，可以自收到仲裁裁决书之日起三十日内向劳动争议仲裁委员会所在地的中级人民法院申请撤销裁决：

（一）适用法律、法规确有错误的；

（二）劳动争议仲裁委员会无管辖权的；

（三）违反法定程序的；

（四）裁决所根据的证据是伪造的；

（五）对方当事人隐瞒了足以影响公正裁决的证据的；

（六）仲裁员在仲裁该案时有索贿受贿、徇私舞弊、枉法裁决行为的。

人民法院经组成合议庭审查核实裁决有前款规定情形之一的，应当裁定撤销。

仲裁裁决被人民法院裁定撤销的，当事人可以自收到裁定书之日起十五日内就该劳动争议事项向人民法院提起诉讼。

5. 劳动争议纠纷中，劳动争议仲裁和劳动争议诉讼有何区别？

【案情简介】

2019 年 11 月 25 日，毕先生到忍冬花公司工作，负责操作生产线主机控制台。在职期间，忍冬花公司始终未给毕先生缴纳保险。2021 年 6 月毕先生因此向忍冬花公司提出离职，并向当地法院提起诉讼要求忍冬花公司支付经济补偿金。法院回复，毕先生应先向劳动人事争议仲裁委员会申请劳动仲裁。

【案情分析】

劳动争议仲裁和劳动争议诉讼在适用顺序、程序等方面存在差别。其一，劳动争议仲裁是劳动争议诉讼的法定前置程序，即"先裁后审"。发生劳动争议时，当事人必须先申请劳动仲裁，对劳动人事争议仲裁委员会不予受理或者逾期未作出裁决的，以及对劳动人事争议仲裁委员会作出的裁决不服的，申请人可以就该劳动争议事项向人民法院提起诉讼。未经劳动仲裁径直向人民法院起诉的，人民法院不予受理。其二，劳动争议仲裁只要裁决作出即结束，当事人不服的，只能向人民法院起诉。而劳动争议诉讼则是两审终审制。因此，毕先生不能径直向人民法院提起诉讼，而应该先向劳动人事争议仲裁委员会申请仲裁。

【风险提示】

对于劳动争议仲裁，实践中绝大多数是劳动者一方申请仲裁，这让很多用人单位都误以为劳动仲裁只有劳动者才能申请。其实对于劳动仲裁，用人单位一方也可以申请，尤其是因员工过错导致单位损失等争议纠纷情形，若用人单位主动申请劳动仲裁，可以避免陷入因擅自下发解除劳动关系通知书反而被劳动者索赔违法解除劳动合同赔偿金的境地。

【相关法条】

《中华人民共和国劳动争议调解仲裁法》

第二十九条　劳动争议仲裁委员会收到仲裁申请之日起五日内，认为符合受理条件的，应当受理，并通知申请人；认为不符合受理条件的，应当书面通知申请人不予受理，并说明理由。对劳动争议仲裁委员会不予受理或者逾期未作出决定的，申请人可以就该劳动争议事项向人民法院提起诉讼。

第四十八条 劳动者对本法第四十七条规定的仲裁裁决不服的，可以自收到仲裁裁决书之日起十五日内向人民法院提起诉讼。

十一、
用人单位人事管理常用
文书模板篇

面试通知书

面试通知书

_____先生/小姐：

您好，您应聘本公司_____职位的简历已经审核通过，现通知您到本公司参加面试。

一、面试要求：（面试要求根据公司实际需要自行修改）

（1）面试需要携带的资料：近期免冠一寸照片一张、最高学历证明原件及复印件、身份证原件及复印件、个人简历一份等。

（2）需着正装。

面试时间：_____年_____月_____日（上午/下午）_____时

面试地点：_____

二、若不能按时参加面试，请于接到本通知后一日内告知我们，否则视为自动放弃。

三、联系方式：

联系人：

联系电话：

（用人单位）

年　月　日

应聘登记表

（用人单位）
应聘登记表

姓 名		性 别		出生日期		民 族	
学 历		邮 箱		手机号码		婚 否	
身份证号码							
户口所在地							
现家庭住址							

教育及培训经历（从大学填起）

起	止	学校或教育机构名称	专 业	证明人	联系方式

本人主要工作经历（最近三段）

起	止	工作单位	职 位	证明人	联系方式

语言种类	□英语 □其他____	掌握程度	□CET-4 □CET-6 □其他
计算机能力		资格证书或技能证书	
期望薪资（幅度）			

本人仔细阅读应聘登记表的所有栏目，并根据自身情况如实进行了填报。本人承诺，所填报的所有内容，及所附证明文件，均真实和有效。

应聘人员签名：
日期： 年 月 日

人事部门意见	
用人部门意见	
最终审核意见	
备注	

录用通知书

录用通知书

尊敬的_____先生/女士：

感谢您对（用人单位）的信任和支持。我们非常荣幸地通知您：

经过考核审查，我公司决定录用您为（用人单位）员工。依据公司管理规定，现就录用通知如下：

一、录用部门：_____

二、报道须知：

请您于_____年_____月_____日（具体时间）携带下列材料（根据用人单位具体需要自行确定），到（用人单位）报到，签订劳动合同及相关文件，逾期本录用通知作废。

1. 二代身份证原件及复印件 1 份

2. 一寸近期免冠彩照 3 张

3. 体检报告 1 份

4. 银行卡（发放工资使用）

5. 最高学历证书原件，其他资格证书或技能证书（如有，请尽量提供）

6. 离职证明（如果是第一次参加工作无须提供）

三、劳动合同及福利待遇

1. 劳动合同期限_____年，试用期_____个月。

2. 社会保险：

四、特别说明

1. 以上材料入职当天须携带齐全方可办理入职。

2. 为维护双方的合法权益，您入职时需签订劳动合同，双方权利义务以最终签订的劳动合同条款为准。

3. 被聘用人在面试、录用过程中向公司提供的一切相关资料是否全部属实，是本录用通知及附件是否生效的最终判定条件。

五、报道地点及联系人

入职报到地点：_____

如有任何疑问，欢迎与人力资源部_____联系，电话：_____

欢迎您加入（用人单位）！

（用人单位）人力资源部
年   月   日

员工登记表

<table>
<tr><td colspan="9" align="center">（用人单位）
员工登记表</td></tr>
<tr><td>姓　　名</td><td></td><td>性　别</td><td></td><td colspan="2">出生
日期</td><td></td><td rowspan="3">照片
（1寸）</td></tr>
<tr><td>身份证号码</td><td></td><td>政治
面貌</td><td></td><td colspan="2">婚姻
状况</td><td></td></tr>
<tr><td>最高学历</td><td></td><td>毕业
院校</td><td></td><td colspan="2">专业</td><td></td></tr>
<tr><td>户口性质</td><td></td><td colspan="3">籍贯</td><td colspan="3"></td></tr>
<tr><td>现居地址</td><td colspan="7"></td></tr>
<tr><td>联系电话</td><td></td><td colspan="3">紧急联系人及电话</td><td colspan="3"></td></tr>
<tr><td>入职日期</td><td></td><td colspan="2">试用部门</td><td colspan="2"></td><td>试用岗位</td><td></td></tr>
<tr><td colspan="2">试用期工资（税前）</td><td colspan="7"></td></tr>
<tr><td colspan="2">转正后工资（税前）</td><td colspan="7"></td></tr>
<tr><td rowspan="4">工
作
经
历</td><td colspan="3">起止时间</td><td colspan="2">毕业院校</td><td colspan="2">专业</td><td>学历</td></tr>
<tr><td colspan="3"></td><td colspan="2"></td><td colspan="2"></td><td></td></tr>
<tr><td colspan="3"></td><td colspan="2"></td><td colspan="2"></td><td></td></tr>
<tr><td colspan="3">起止时间</td><td colspan="2">工作单位</td><td colspan="2">职位</td><td>证明人及电话</td></tr>
<tr><td rowspan="2"></td><td colspan="3"></td><td colspan="2"></td><td colspan="2"></td><td></td></tr>
<tr><td colspan="3"></td><td colspan="2"></td><td colspan="2"></td><td></td></tr>
<tr><td rowspan="3">家
庭
成
员
情
况</td><td>姓名</td><td>关系</td><td>年龄</td><td colspan="2">工作单位</td><td colspan="2">岗位</td><td>电话</td></tr>
<tr><td></td><td></td><td></td><td colspan="2"></td><td colspan="2"></td><td></td></tr>
<tr><td></td><td></td><td></td><td colspan="2"></td><td colspan="2"></td><td></td></tr>
<tr><td colspan="9">本人已仔细阅读员工登记表的所有栏目，并根据自身情况如实进行了填报。本人承诺，所填报的所有内容，及所附证明文件，均真实和有效。

　　　　　　　　　　　　　　　　本人签字：
　　　　　　　　　　　　　　　　日期：　　年　　月　　日</td></tr>
<tr><td colspan="3">部门负责人意见：

　　　　签字：
　　　　日期：</td><td colspan="3">行政人事部意见：

　　　　签字：
　　　　日期：</td><td colspan="3">最终审核意见：

　　　　签字：
　　　　日期：</td></tr>
</table>

劳 动 合 同 书

编号：_____

劳 动 合 同 书

甲方：_____

乙方：_____

签订日期：_____年_____月_____日

根据《中华人民共和国劳动法》《中华人民共和国劳动合同法》和有关法律、法规，甲乙双方经平等自愿、协商一致签订本合同，共同遵守本合同所列条款。

一、劳动合同双方当事人基本情况

1.1 甲方_____

法定代表人（主要负责人）或委托代理人_____

注册地址_____

联系地址_____

联系电话_____

1.2 乙方_____性别____，出生日期：_____年___月___日

户籍类型（非农业、农业）_____，文化程度：_____

联系电话：_____ 电子邮箱：_____

居民身份证号码_____

在甲方工作起始时间_____ 年_____ 月____ 日

家庭住址_____邮政编码_____

居住地址_____邮政编码_____

紧急联系人：_____联系电话：_____与乙方关系：_____

联系地址：_____邮编：_____

乙方承诺，乙方向甲方提供的本人身份证明、个人信息、学历证书、职业技能、健康状况、入职登记表、履历等（用人单位根据具体需要自行确定）信息真实合法有效。如有虚假或其他不诚信行为或有损品格行为的，自愿接受解除劳动合同的处理。

双方确认：所填写的联系信息为双方就与本合同有关的一切事项向对方发出通知的有效联系信息。甲方有关文书（包括有关劳动关系变更和解除的通知）在无法直接送达给乙方的情形下（包括但不限于乙方拒收、下落不明等情形），乙方在本合同中填写的通信地址为甲

邮寄送达地址，甲方以 EMS 或挂号信邮寄至该地址的，视为送达。上述地址发生变化的，乙方应在地址变化后 24 小时内以书面形式通知甲方，否则，甲方向上述地址发出通知即视为甲方已经送达。因地址不实或其他原因导致无法送达的，由乙方承担责任。

二、劳动合同期限

经甲、乙双方商定，采取下列第____种形式确定劳动合同。

（1）固定期限劳动合同

本合同于_____年___月___日生效，其中试用期至_____年___月___日止。本合同于_____年___月___日终止。

劳动合同期满而双方需续延劳动合同的，经双方协商同意签订"劳动合同续订书"。

（2）无固定期限劳动合同。

本合同于_____年___月___日生效，其中试用期至_____年___月___日止。

（3）以完成一定的工作任务为期限劳动合同。

本合同于___年___月___日生效，至_____工作任务完成时止。

三、工作内容和工作地点

3.1 乙方同意根据甲方工作需要，担任_____岗位（工种）工作。

3.2 根据甲方的岗位作业特点，乙方的工作区域或工作地点为_____，该区域内工作地点的调整，或因公长、短出差不视为工作地点的变更。

3.3 乙方工作应达到_____标准及工作目标。

甲方有权根据工作需要或乙方的工作能力、业绩表现及健康状况等原因，依法对乙方的工作岗位进行调整或重新安排，乙方应服从甲方的管理和安排，在规定的工作时间内，保质保量地完成甲方指派的工作任务。

四、工作时间和休息休假

4.1 甲乙双方同意按以下第____种方式确定乙方的工作时间。

（1）标准工时制度，乙方每天工作时间不超过 8 小时，每周工作不超过 40 小时（不含用餐时间）。

（2）不定时工作制，即在保证完成甲方工作任务的前提下，乙方所在岗位实行不定时工作制。

（3）综合计算工时工作制，即乙方所在岗位实行以_____为周期，总工时____小时的综合计算工时工作制。

4.2 甲方因工作需要，经与乙方协商后可以延长工作时间。

4.3 乙方应当在工作时间内完成工作任务，乙方在定时工作时间之外确需加班的，须事先按照甲方规章制度的相关规定履行加班申请和审批手续（根据用人单位具体需要自行确定），经批准同意后方可被视为加班，并享受加班待遇，否则不视为加班。

五、劳动报酬

5.1 甲方每月____日前以货币形式支付乙方工资，其中基本工资_____元/月，岗位工资____元/月，绩效考核工资____元/月，奖金和其他补贴、福利按公司制度执行。

乙方在试用期期间的工资标准为_____。

5.2 所有乙方按照相关法律法规规定应缴纳的个人所得税和社会保险中个人应缴纳的费用，将按照国家规定由甲方从乙方工资中代扣代缴。

5.3 乙方受领劳动报酬和各类补贴、补偿的银行账户为：

开户行：_____

账　户：_____

户　名：_____

甲方按时向该账户汇出或存入的行为即视为履行了支付义务，乙方提供账户信息或更改账户状态导致无法存入或收到金额的，由乙方承担责任。

5.4 甲方存入或汇出后三个工作日内，乙方应对本人的每月工资金额及时进行核对，如对当月工资发放有异议的，需在当月书面向甲方提出。

5.5 非因乙方原因造成甲方停工、停产，未超过一个工资支付周期（最长三十日）的，甲方应当按照正常工作时间支付工资。超过一个工资支付周期的，可以根据乙方提供的劳动，按照双方新约定的标准支付工资；甲方没有安排乙方工作的，应当按照不低于当地最低工资标准的百分之八十支付乙方生活费，生活费发放至甲方复工、复产或者解除劳动关系。

甲乙双方对工资的其他约定_____

六、社会保险及其他保险福利待遇

6.1 甲乙双方按国家相关规定参加社会保险。甲方为乙方办理有关社会保险手续，并承担相应社会保险义务，乙方应当缴纳的社会保险费由甲方从乙方的工资中代扣代缴。乙方应在入职时向甲方交齐相关办理社会保险的材料。乙方应当于办理入职手续时提交参加社会保险所必需的真实、合法、完整的材料。

6.2 乙方患病或非因工负伤的医疗待遇按国家有关规定执行。

七、劳动保护、劳动条件和职业危害防护

7.1 甲方根据岗位的需要，按照国家有关劳动安全、卫生的规定为乙方配备必要的安全防护措施，发放必要的劳动保护用品。

7.2 乙方应当严格遵守甲方的劳动安全制度。

7.3 乙方确认其工作岗位不属于高温、严寒作业岗位，甲方已在乙方的工作场所采取了如安装空调设备等有效降温、保温措施，乙方确认并同意甲方无须支付相关补贴。如甲方未采取降温、保温措施，乙方应当及时向甲方书面提出。（根据用人单位实际情况自行确定）

八、劳动纪律（用人单位根据具体情况自行填写）

乙方应自觉遵守法律、法规、规章和甲方制定的各项规章制度，服从管理，按时保质保量完成工作任务。乙方违反劳动纪律或甲方的规章制度，甲方有权根据相关的规章制度进行处理，直至解除本合同。

九、劳动合同的变更、解除、终止、续订

9.1 甲乙双方应当依法变更劳动合同，并采用书面形式。

9.2 本合同到期，劳动合同即行终止。甲乙双方经协商同意，可以续订劳动合同。

9.3 甲乙双方解除终止本合同的，乙方应当按照甲方要求办理工作交接手续。甲方应当在解除或终止本合同时，为乙方出具解除或者终止劳动合同的证明，并在十五日内为乙方办理档案和社会保险关系转移手续。

十、保密

10.1 本合同所称商业秘密是指甲方所有的尚不为公众所悉，使甲方相对于他人而具有现实或潜在的竞争优势、能够为甲方带来经济利益，具有实用性，并经甲方采取保密措施的技术信息和经营信息。

10.2 关于保守商业秘密和竞业限制、职务发明等事项，乙方在遵守本合同的基础上，还需要遵守双方另行签署的保密协议、竞业限制协议（如有）、职务发明约定书等类似文件。乙方违反双方约定的保守商业秘密和竞业限制事项，还应按双方另行签署保密协议和竞业限制协议的约定承担责任。

十一、知识产权

11.1 乙方在职期间，不论何时于甲方企划下，或因职务上所获至或产生之资料、研究成果及制作之所有权、著作权、专利权、商标权及知识产权等成果，其相关权利及利益均归属甲方所有。如甲方就该权利拟于国内外注册登记时，乙方应无条件提供一切必要之协助。

11.2 乙方应高度重视知识产权保护工作，并十分尊重他人的知识产权等合法权益；乙方于任职期间所产生的以甲方为著作权人、专利权人、商标专用权人及其他知识产权权利人的作品等成果，以及职务上使用电脑软件，绝无侵害他人之知识产权等合法权益之侵权行为，若有涉及侵权赔偿时，乙方应完全负责；乙方在甲方任职期间，不得以违反法律规定或乙方所负之义务的方式，将国家秘密、他人的商业秘密等他人享有合法权益之信息、资料、成果等，用于乙方在甲方履行职务。

十二、违约责任

12.1 乙方违反本合同约定或违反甲方依法制定的员工手册及公司其他规章制度等的，甲方有权予以处理，直至解除本合同。给甲方生产、经营及工作造成损失的，乙方应当向甲方承担赔偿责任

12.2 乙方违反保密义务，按双方签订的保密协议及甲方依法制定的员工手册及公司其他规章制度承担相应责任。

12.3 方违反竞业限制事项，按双方签订的竞业限制协议及甲方依法制定的员工手册及公司其他规章制度承担相应责任。

12.4 乙方接受甲方出资提供的相关培训，甲方将与乙方另行签订培训协议，并按照培训协议的约定履行。乙方若服务期未满即与甲方解除或终止劳动关系，或因不能胜任工作或《中华人民共和国劳动合同法实施条例》第二十六条规定的情形被甲方解除本合同，应当在离职前按照培训合同的约定向甲方支付违约金损害赔偿金或返还欠款

的，乙方同意甲方有权将其尚未发放乙方的工资、奖金等款项直接予以充抵相应金额；双方未签订培训合同或培训合同未约定或约定不明的，乙方应当向甲方返还服务期未履行部分所应分摊的培训费用。

12.5 任何一方的其他违约行为给对方造成经济损失的，按法律规定赔偿对方经济损失。

十三、当事人约定的其他内容

甲乙双方约定本合同增加以下内容：

_____

十四、劳动争议处理

双方因履行本合同发生争议，应协商解决；协商不成的，可以向劳动争议仲裁委员会申请仲裁。

当事人一方也可以直接向劳动争议仲裁委员会申请仲裁。

十五、其他事项

15.1 双方同意，本合同签订前仍然存续的劳动合同自本合同签订之日起终止。

15.2 甲乙双方另行签订的培训协议、保密协议、竞业限制协议等与劳动合同相关的协议是本劳动合同的组成部分。

15.3 本合同的附件如下_____

15.4 本合同未尽事宜或与今后国家有关规定相悖的，按有关规定执行。

15.5 本合同一式两份，甲乙双方各执一份。

（以下无正文）

甲方（公章）：   乙方（签章）：

法定代表人或委托代理人（签章）：

签订日期：   签订日期：

劳动合同续订书

劳 动 合 同 续 订 书

本次续订劳动合同期限为

□无固定期限劳动合同

□有固定期限劳动合同，续订合同_____年_____月_____日生效，续订合同_____年_____月_____日终止。

甲方（公章）：   乙方（签章）：

年   月   日   年   月   日

劳动合同变更书

劳 动 合 同 变 更 书

　　经甲乙双方协商一致，对本合同作以下变更：

　　凡未作变更或其他特别说明的。依原劳动合同继续履行。

甲方（公章）：   乙方（签章）：

年   月   日   年   月   日

劳务协议

劳务协议

甲方：_____

统一社会信用代码：_____

联系地址：_____

联系电话：_____

乙方：_____性别：_____文化程度：_____联系电话：_____

居民身份证号码：_____

户口所在地：_____省（市）_____区（县）_____街道

联系地址：_____邮政编码：_____

紧急情况联系人：_____电话：_____与乙方关系：_____

鉴于甲方工作的需要，乙方愿为甲方提供劳务。双方根据《中华人民共和国劳动合同法》及有关规定，经平等协商一致，特签订本协议，共同遵照执行。

一、劳务期限

本协议期限自_____年___月___日至_____年___月___日。

二、劳务内容

2.1 乙方必须服从甲方的工作安排，在甲方指定的场所或办公地点从事劳务活动。乙方工作内容为_____。

2.2 乙方工作应达到甲方要求的工作标准及工作目标，保证按时保质保量完成该岗位的工作任务。

三、工作时间、劳务报酬及支付时间

3.1 甲方应根据相关法律法规及本单位业务情况，合理安排乙方工作时间。

3.2 协议期间，乙方劳务报酬计算标准为：＿＿＿＿＿＿＿＿＿，发放劳务报酬时间为＿＿＿＿＿＿＿＿＿。

四、甲方的权利和义务

4.1 明确乙方的劳务内容和要求；制定工作制度、规范，根据国家有关的法律、法规对乙方进行管理；

4.2 为乙方开展劳务提供必要的工作条件和设施；

4.3 向乙方提供与业务工作有关的文件和资料；

4.4 提供协议约定的劳务报酬；

五、乙方的权利和义务

5.1 乙方在此明确，乙方与甲方不存在任何劳动法意义上的劳动关系，乙方确认其在签订本协议时，没有与任何个人或机构签订限制其进行劳务工作的协议；

5.2 遵守国家有关法律法规，遵守职业道德要求；

5.3 维护甲方的利益和声誉，保守知悉的甲方秘密，不从事与劳务活动相冲突的商业活动；

5.4 甲乙虽为非劳动关系，但乙方应严格遵守工作规程，严禁违章作业，爱护甲方的财产，遵守职业道德，提高职业技能；

六、协议的变更、解除和续订

6.1 经甲乙双方协商一致，本协议可以变更或解除。

6.2 双方协商同意，可签订书面文件延长乙方劳务期限或续订协议。

6.3 甲、乙任何一方单方面解除本协议的，需提前 15 日书面通知另一方。

七、违约责任

甲乙双方应遵守本协议约定内容，任何一方未履行本合同项下的任何一项条款均被视为违约，违约方应承担因自己的违约行为而给守约方造成的损失。

八、争议解决

因本协议引起的或与本协议有关的任何争议，双方应通过友好协商解决，如协商不能解决，任何一方可起诉至法院。

九、其他

9.1 双方确认所填写的联系方式是自己的有效联系方式，双方就与本协议有关的一切事项向对方发出通知或其他法律文件的，以该联系方式为有效地址，上述地址变化的，双方应以书面形式通知对方。任一方向该地址发出通知即视为已经送达，因地址不实或其他原因导致无法送达的，自行承担责任。

9.2 本协议由甲、乙双方签署后生效。一式两份，甲、乙双方各执一份，具同等法律效力。

甲方（盖章）   乙方（签字）

日期：   日期：

新员工培训记录

<table>
<tr><td colspan="4" align="center">（用人单位）
新员工培训记录</td></tr>
<tr><td>新员工姓名</td><td></td><td>所在部门</td><td></td></tr>
<tr><td>入职时间</td><td></td><td>岗位</td><td></td></tr>
<tr><td rowspan="2">规章制度教育</td><td colspan="3">（尽量写清楚培训内容、总时数、培训时间、培训方式、参训人员）</td></tr>
<tr><td colspan="3">员工签字：　　　　培训人：　　　　日期：</td></tr>
<tr><td rowspan="2">安全卫生教育培训</td><td colspan="3"></td></tr>
<tr><td colspan="3">员工签字：　　　　培训人：　　　　日期：</td></tr>
<tr><td rowspan="2">所在岗位（含岗位职责）教育</td><td colspan="3"></td></tr>
<tr><td colspan="3">员工签字：　　　　培训人：　　　　日期：</td></tr>
<tr><td rowspan="2">培训综合结果及意见</td><td colspan="3"></td></tr>
<tr><td colspan="3">负责人：　　　　　　　　　　　　日期：</td></tr>
</table>

劳动者离职申请表

<table>
<tr><td colspan="5" align="center">（用人单位）</td></tr>
<tr><td colspan="5" align="center">劳动者离职申请表</td></tr>
<tr><td colspan="5" align="right">申请日期：　　年　　月　　日</td></tr>
<tr><td>姓　名</td><td></td><td>部　门</td><td>岗　位</td><td></td></tr>
<tr><td>入职时间</td><td></td><td colspan="2">劳动合同期限</td><td></td></tr>
<tr><td>离职日期</td><td></td><td colspan="2">联系方式</td><td></td></tr>
<tr><td colspan="5">离职员工须如实填写如下内容</td></tr>
<tr><td colspan="5">离职原因详述：

　　　　　　　　　　员工签字：　　　日期：　　年　　月　　日</td></tr>
<tr><td colspan="5">您对本部门及本公司的意见、建议：

</td></tr>
<tr><td colspan="5">面谈记录：

　　　　　　　　　　面谈人：　　　日期：　　年　　月　　日</td></tr>
<tr><td>部门
负责人</td><td colspan="4">□ 同意申请　　　□ 其他意见

　　　　　　签名：　　　日期：　　年　　月　　日</td></tr>
<tr><td>人事部</td><td colspan="4">□ 同意申请　　　□ 其他意见

　　　　　　签名：　　　日期：　　年　　月　　日</td></tr>
<tr><td>最终审核
意见</td><td colspan="4">□ 同意申请　　　□ 其他意见

　　　　　　签名：　　　日期：　　年　　月　　日</td></tr>
</table>

注：1. 试用期劳动者必须提前3天，已转正劳动者必须提前30天提出离职申请，并在审批后及时提交人事部；

2. 离职前3天，请按公司相关规定进行交接工作；

3. 此申请表审批结束后，交由人事部保存。

233

员工离职交接表

<table>
<tr><td colspan="6" align="center">（用人单位）
员工离职交接表</td></tr>
<tr><td>姓　名</td><td></td><td>部　门</td><td>岗　位</td><td>正式离职
日期</td><td></td></tr>
<tr><td>交 接
部 门</td><td colspan="3" align="center">交接事项</td><td>接收人或
经办人签字</td><td>部门负责人
签字</td><td>日期</td></tr>
<tr><td>所 属
部 门</td><td colspan="3">经办工作交接：□已交接　□无
资料文件交接：□已交接　□无
未完成工作项目交接：□已交接
□无
其他事项交接（电脑、钥匙、企业邮箱）：
□已交接　□无</td><td></td><td></td><td></td></tr>
<tr><td>财 务
部 门</td><td colspan="3">借款情况：_____
报销情况：_____
工资结算：_____
其他事项：_____</td><td></td><td></td><td></td></tr>
<tr><td>人 事
部 门</td><td colspan="3">本月出勤：_____
未休年休假：_____
加班情况：_____
社保手续：_____
其他情况：_____</td><td></td><td></td><td></td></tr>
<tr><td>最 终
审 核
意 见</td><td colspan="5">签名：　　　日期：　　年　月　日</td></tr>
</table>

劳动合同解除、终止证明书

劳动合同解除、终止证明书
(单位留存)

　　兹证明本公司员工＿＿＿＿＿，性别＿＿＿＿，身份证号码＿＿＿＿＿＿，工作岗位＿＿＿＿，合同期限为＿＿年＿＿月＿＿日至＿＿年＿＿月＿＿日，在我公司工作年限＿＿年＿＿个月。因＿＿＿＿＿离职，＿＿年＿＿月＿＿日已与我公司办理完工作交接手续，准予离职。

　　特此证明！

　　　　　　　　　　　　　　　　　(盖章)＿＿＿＿＿＿＿
　　　　　　　　　　　　　　　　　＿＿＿年＿＿月＿＿日

　　本人在此确认：本人已收到"劳动合同解除、终止证明书"一份。

　　　　　　　　　　　　　　　　　签名：
　　　　　　　　　　　　　　　　　　年　　月　　日

....

劳动合同解除、终止证明书

　　兹证明本公司员工＿＿＿＿＿，性别＿＿＿＿，身份证号码＿＿＿＿＿＿，工作岗位＿＿＿＿，合同期限为＿＿年＿＿月＿＿日至＿＿年＿＿月＿＿日，在我公司工作年限为＿＿年＿＿个月。因＿＿＿＿＿离职，＿＿年＿＿月＿＿日已与我公司办理完工作交接手续，准予离职。

　　特此证明！

　　　　　　　　　　　　　　　　　(盖章)＿＿＿＿＿＿＿
　　　　　　　　　　　　　　　　　＿＿＿年＿＿月＿＿日

结　语

　　律师作为法律从业者，坚持致力于维护当事人的合法权益，维护法律正确实施，维护社会公平正义。同时，律师作为法律共同体的重要组成部分，也是建设法治国家、法治社会的重要参与者，承担着普法宣传等必要的社会责任。为此，北京儒德律师事务所以溯源治理为契机，倡导从源头化解矛盾，并聚团队之心力共同编写本书，希冀为企业治理提供参考和指引。

　　《HR的法律合规必修课》是我们集众者之智、取各者所长，凝心聚力之作。本书不仅凝聚了我们的法治信仰，相信若能规范用工就可从源头减少、化解矛盾，减少企业发展过程中的用工隐患；同时也体现了我们对企业及社会的责任担当——以新的形式宣传法治，为企业的用工合规管理及法治建设贡献绵薄之力！

　　本书为北京儒德律师事务所出版的第一部书籍，各位读者在阅读本书的过程中若发现有不足之处，请不吝赐教。

　　下部书籍，敬请期待！

图书在版编目（CIP）数据

HR 的法律合规必修课 / 北京儒德律师事务所编著
. -- 北京：中国人民大学出版社，2023.4
ISBN 978-7-300-31614-7

Ⅰ.①H… Ⅱ.①北… Ⅲ.①人力资源管理－劳动法
－基本知识－中国 Ⅳ.①D922.5

中国国家版本馆 CIP 数据核字（2023）第 059801 号

HR 的法律合规必修课
北京儒德律师事务所　编著
HR de Falü Hegui Bixiuke

出版发行	中国人民大学出版社	
社　　址	北京中关村大街 31 号	**邮政编码**　100080
电　　话	010 - 62511242（总编室）	010 - 62511770（质管部）
	010 - 82501766（邮购部）	010 - 62514148（门市部）
	010 - 62515195（发行公司）	010 - 62515275（盗版举报）
网　　址	http://www.crup.com.cn	
经　　销	新华书店	
印　　刷	涿州市星河印刷有限公司	
开　　本	720 mm×1000 mm　1/16	**版　　次**　2023 年 4 月第 1 版
印　　张	15.5 插页 1	**印　　次**　2023 年 4 月第 1 次印刷
字　　数	206 000	**定　　价**　69.00 元